TRATADO GERAL SOBRE A FOFOCA

CIP-BRASIL. CATALOGAÇÃO-NA-FONTE
SINDICATO NACIONAL DOS EDITORES DE LIVROS, RJ

G131t
15. ed.

    Gaiarsa, José Angelo, 1920-
    Tratado geral sobre a fofoca : uma análise da desconfiança humana / José Angelo Gaiarsa. - 15. ed. - São Paulo : Ágora, 2015.

    ISBN 978-85-7183-166-7

    1. Fofocas. 2. Psicologia social. 3. Relações humanas. I. Título.

15-21947   CDD: 177.2
                                                                                  CDU: 177.2

www.editoraagora.com.br

Compre em lugar de fotocopiar.
Cada real que você dá por um livro recompensa seus autores
e os convida a produzir mais sobre o tema;
incentiva seus editores a encomendar, traduzir e publicar
outras obras sobre o assunto;
e paga aos livreiros por estocar e levar até você livros
para a sua informação e o seu entretenimento.
Cada real que você dá pela fotocópia não autorizada de um livro
financia o crime e
ajuda a matar a produção intelectual de seu país.

J. A. GAIARSA

TRATADO GERAL SOBRE A FOFOCA

Uma análise da desconfiança humana

15ª edição
revista e atualizada

TRATADO GERAL SOBRE A FOFOCA
Uma análise da desconfiança humana
Copyright © 1978, 2015 by José Angelo Gaiarsa
Direitos desta edição reservados por Summus Editorial

Editora executiva: **Soraia Bini Cury**
Assistente editorial: **Michelle Neris**
Capa: **Marianne Lépine**
Projeto gráfico e diagramação: **Crayon Editorial**
Impressão: **Sumago Gráfica Editorial**

Editora Ágora
Departamento editorial
Rua Itapicuru, 613 — 7º andar
05006-000 — São Paulo — SP
Fone: (11) 3872-3322
Fax: (11) 3872-7476
http://www.editoraagora.com.br
e-mail: agora@editoraagora.com.br

Atendimento ao consumidor
Summus Editorial
Fone: (11) 3865-9890

Vendas por atacado
Fone: (11) 3873-8638
Fax: (11) 3872-7476
e-mail: vendas@summus.com.br

Impresso no Brasil

SUMÁRIO

Prefácio 7

Palpites 9

1   O maior dos fatos humanos. 13

2   Falar sozinho e a fofoca de dentro. 17

3   Uma hipótese chamada fofoca 23

4   Fofoca: definições e classificações 25

5   A chave do mistério. 29

6   A multidão de dentro 33

7   Os motores da máquina 43

8   Os mutilados. 47

9   Irmãos siameses 51

10   Fofoca e equilíbrio. 55

11   A fofoca e o cientista 59

12   Fofoca e sexo 63

13   Em defesa da autoridade. 71

14   O uniforme 75

15   A fofoca coletiva. 79

16   A fofoca e a taça Jules Rimet 83

17   Fofoca e tédio. 89

18   O iluminado e a fofoca 93

19   Família e fofoca. 97

20   A história como produto de fofoca 115

21   Os deuses e a fofoca. 117

22   A fofoca e minha mania de grandeza 119

23   Esquizofrenia oficial 125

24   A fofoca e a antropologia 131

25 Fofoca e psicoterapia. 137

26 Fofoca e estatística 145

27 O arauto. 155

28 A única defesa eficaz contra a fofoca 159

29 Psicanálise e fofoca. 161

30 Fofoca e infância. 171

31 O segredo da eternidade da fofoca 181

32 Fofoca — Função transcendente ou A fofoca sou eu, nós e eles 189

33 De réprobo a iluminado. 197

34 O que dói mais 203

35 P.S. 215

Epílogo — Paraíso na cratera do vulcão. 223

PREFÁCIO

— *foi feita muita fofoca a meu desrespeito*
— *tenho muito medo de que façam fofoca de mim*

PALPITES

Não convém ler vários capítulos deste livro em seguida. São muito compactos, tanto em conteúdo intelectual como em conteúdo emocional.

Foram escritos para ser lidos isoladamente — mesmo sem ordem. Mas seguem uma ordem de complexidade crescente e de aprofundamento gradual do tema ou da emoção.

Os temas se entrelaçam e cada capítulo ilumina o centro — que é a FOFOCA — de uma luz particular.

Só TODOS os capítulos explicam a fofoca.

Quem não concordar com uma proposição importante declarada em cinco linhas que continue lendo com atenção porque em algum lugar na certa encontrará a mesma tese mais desenvolvida.

Não foi possível evitar repetição de temas, mas cada repetição mostra um ângulo novo que antes não aparecia.

O estilo varia desde a sobriedade do científico e do lógico rigoroso até o panfleto inflamado, passando pelo demagógico, pelo cômico, pelo paradoxal, pelo poético, pelo engraçado, pelo triste.

Espero que o leitor acompanhe meus "moods" e não faça crítica lógica de uma poesia, nem me venha com distinçõezinhas minúsculas durante um grande voo demagógico.

Critiquem-me com jeito...

A única escola de pensamento contemporânea que dá muito valor à fofoca é a Orgonomia — a ciência que Reich fundou. Nela, sob o nome de PESTE EMOCIONAL, é estudado tudo que as pessoas inibidas, quadradas e retidas fazem contra todos os que se mexem, vivem e fazem coisas. O nome e a posição, porém, são tendenciosos: os quadrados também têm direito à vida — claro.

Aprendi muito com Reich.

Meu livro denuncia e analisa o principal *instrumento* da peste emocional: a fofoca.

Aviso a especialistas:
preconceito e resistência

Este livro é um ensaio tridisciplinar: trabalha com o vivo, com o indivíduo e com o social.

Tudo que há de científico e lógico nele refere-se a estruturas, entidades estáveis bem delineadas e bem perceptíveis, que podem ser isoladas da massa do acontecer social e individual.

A psicanálise formulou o conceito de resistência (ou defesa psicológica), que é a estrutura-força que mantém a repressão no indivíduo.

Mais de dois terços da literatura psicanalítica giram em torno desse conceito.

A sociologia aproveitou o conceito já existente de preconceito e adotou-o como termo técnico, usando-o extensamente na interpretação dos fatos sociais.

Hoje vigora a noção de ideologia, que implica, ela também, muito do preconceito.

O preconceito é o principal instrumento de conservação das estruturas sociais.

O que é preciso dizer a psicólogos e sociólogos que lerem este livro é que, para o autor,

resistência é igual a preconceito

Constituem um só fenômeno visto de dois ângulos diferentes. O preconceito, como a resistência, marca limites da ação — social e individual. Limites da ação objetiva no caso do preconceito, e da ação subjetiva no caso da resistência.

Ambos impedem a experiência e assim têm a capacidade de eternizar as meias-funções que desempenham.

As resistências são os preconceitos NO indivíduo — naquilo que ele absorveu — que lhe foram impostos — no convívio com as instâncias pedagógicas e modeladoras do comportamento. Os parâmetros dessa modelagem são tudo que é "normal" para dado mundo, isto é, *todos os preconceitos* a respeito de como as pessoas devem ou não devem ser, devem ou não se relacionar — e como fazê-lo.

De minha parte uso muito o conceito de ATITUDE, e para mim ele é eminentemente SOMÁTICO — é o jeito da pessoa. A atitude se cria e se mantém por força de *tensões musculares* — por isso, digo que ela é somática. A meu ver, a modelagem das atitudes é o principal do processo pedagógico. Essa modelagem é de todo externa em relação ao indivíduo, mas termina por influir profundamente em sua organização interna, estampando-se nela e passando assim a SER PARTE da pessoa. Pode-se entender ATITUDE — no sentido em que emprego o termo — como COURAÇA MUSCULAR DO CARÁTER (Reich) ou como jeito — "jeitão" — da pessoa.

As atitudes incluem as duas coisas *que são uma só*, o preconceito e as resistências, e fazem-nas operativas como posição e direção de movimento no mundo socioconvencional. É nas atitudes e nos gestos das pessoas que se vê quanto e como atuaram as forças sociais modeladoras.

1
O MAIOR DOS FATOS HUMANOS

Hoje, a realidade oficial é a dos números. Quanto mais frequente, mais importante; quanto mais correlacionável, mais verdadeiro. Dessa ótica,

A FOFOCA É O MAIS FUNDAMENTAL DOS FATOS HUMANOS

— *aqui* — como em qualquer lugar
— *hoje* — como sempre.
Amém!

Todos sabem que é assim, mas nenhum *autor sério* ousa tratar do assunto. Muitos cientistas experimentarão um arrepio pelo corpo e uma sensação imediata de ridículo só em pensar em uma tese de sociologia sobre fofoca. Sentem medo de que seu trabalho se faça objeto de fofoca de seus confrades.

Ninguém se deteve ainda sobre esse curioso processo: a fofoca, o mais fundamental dos fenômenos humanos, *acontece de tal forma que se esconde na medida em que aparece.* Quase ninguém *diz* ou sequer *reconhece* que *faz* fofoca.

Ninguém faz — mas ela existe *muito.* É isso.

Todos sabem que a fofoca está aí, todo mundo faz parte dela, todo mundo morre e vive por ela, mas todos dizem que fofoca é uma tolice. O *principal fator que modela a vida das pessoas* — o medo de ser fofocado — "é uma bobagem", "é divertido", "ora, não tem importância nenhuma", "não é uma coisa séria"...

A fofoca é claramente uma rede pública secreta!

Não sei de nenhum outro fato social ou psicológico do qual se possa dizer a mesma coisa.

_____ QUANTO? _____

Se perguntarmos a muita gente — como eu fiz — quanto de fofoca existe na conversa, dificilmente ouviremos estimativa inferior a 50% e a grande maioria das respostas vai para o lado dos 80% ou 90% — ou mais!

Em números redondos, estimo que 20% de tudo que se diz no mundo é conversa funcional, é ordem, pedido, informação, constatação, declaração. É a palavra ligada a fatos, proveniente de fatos e influindo sobre eles, de um modo imediato e demonstrável. Seu modelo é a ordem do comandante do veleiro, palavra logo seguida de uma execução, palavra *interposta* a fatos, ligada a eles e ligando-os entre si.

Os restantes 80% de todas as conversas do mundo poderiam ser chamados de Conversa Fiada Cósmica (Vilém Flusser[1]). Trata-se de falar por amor à conversa, de falar por falar, de papo. Os antigos diziam: tagarelice, loquacidade.

Uma análise da conversa fiada mostra que ela pode ser dividida em duas partes iguais: 40% dela é fofoca e 40% é afirmação de preconceito. Ou estou dizendo que o outro fez coisas contrárias aos bons costumes estabelecidos e por isso é um malandro, um canalha, um sacana; ou estou dizendo que sou muito bom, que tenho coisas lindas e invejáveis, que o que eu faço, penso e digo está tudo na direção das mais altas aspirações do grupo com o qual estou falando.

A fofoca varia bastante quanto ao conteúdo — conforme os personagens do diálogo. Na favela, os homens discutem sobre quem dormiu com a mulata mais bonita do lugar, e as mulheres comentam a mesma coisa — em outros termos, porém!

---

1. Flusser definiu o termo. Nada tem que ver com os números.

Num laboratório de bioquímica, o professor catedrático comenta com superioridade a hipótese ridícula do diretor de outro laboratório sobre a natureza das ligações moleculares da insulina. Mas o jeito e a cara do malandro da favela e do professor catedrático são muito parecidos... Mais um caso maravilhoso de harmonia preestabelecida!

A IMPORTÂNCIA DO FALAR

Esses números transformados em tempo mundial dedicado à fofoca mostram-se astronômicos se escritos com todos os zeros. Seus valores aumentam ainda mais se os situarmos no contexto da palavra humana.

Falar é, de longe, a principal atividade de brinquedo — ou criativa — da infinita maioria das pessoas. Estimo que elas passam conversando 80% do tempo de lazer, 30% do tempo de trabalho e 100% do tempo de refeições, sempre que comem com alguém. Somem-se esses números!

Precisamos examinar mais de perto o que ocorre no horário de trabalho. Aí o indivíduo mantém um curso de atividade mental mais ou menos coerente e *independente da atividade que está realizando*. Quase todos os trabalhos do mundo são repetitivos, exigindo pouca atenção. Logo veremos que a atividade mental paralela, que ocorre durante o trabalho, também envolve muito de fofoca consigo mesma.

A conversa fiada, por mais fiada que seja, admite e exige certo coeficiente de improvisação e criatividade na escolha do tema, no ângulo, na vontade de fazer bonito, de obter a atenção dos demais, de competir com o interlocutor etc.

> *Mesmo o "papo furado" é mais vivo e criativo do que o trabalho ou a vida de rotina.*

Mesmo durante o papo ocasional, estamos mais envolvidos com ele do que se estivéssemos dirigindo um automóvel, pintando uma parede, acompanhando um tear.

É nesse contexto de vivacidade e criatividade que se deve situar a *quantidade* da Fofoca do mundo, que assim ganha um novo valor, ou pode ser multiplicada por um coeficiente maior que um.

Para a maior parte das pessoas, falar é a mais alta expressão de si — pois que o resto do que fazem é costume e rotina, algo sem graça e sem interesse.

Com os percentuais citados, temos para todos cerca de oito horas e meia de *conversa* por dia.

Portanto, quanto à fofoca (40% do total da conversa, como vimos), temos

— TRÊS HORAS E MEIA
— POR DIA
— TODOS (toda a humanidade).

Lembremos que, hoje, todos são 4 bilhões.[2]
Diariamente são feitas no mundo
$1,4 \times 10^{10}$ horas de fofoca, ou seja,

14 bilhões

— para fora, com o outro.

E quando falo comigo — na conversa de dentro — será que existe fofoca?

---

2. Esse número foi obtido quando da primeira edição desta obra, em 1978. [N. E.]

2

FALAR SOZINHO E A
FOFOCA DE DENTRO

Quando fazemos uma visita, quando acabamos de falar com um colega, sempre estranhamos — muito ou pouco — o que o outro disse. Estranhamos também o que ele fez, achamos que ele não regula bem nesse ou naquele ponto, achamos — vejam só! — que ele faz as coisas de modo bem esquisito. De outra parte, vejam como EU sou mais inteligente do que ele, vejam como EU sei viver melhor, como EU sou mais esperto etc. etc. Tudo isso é dito de mim a mim mesmo — logo depois do encontro. É a fofoca *de fora* (poderia dizer o mesmo a um terceiro), porém feita com os *meus* botões.

Em outras ocasiões, estamos apenas pensando. O que chamamos de nosso pensamento é uma coisa complicada e misturada. O exame desse pensamento, que brota sozinho o tempo todo, mostra que ele é feito em boa parte de desejos e temores vagos.

Cada desejo liga-se à fofoca no seguinte sentido: se fôssemos fazer o que imaginamos, na certa falariam de nós.

Pior do que isso, se descobrissem em que estamos pensando, isto é, se suspeitassem de nossas intenções secretas, certamente nos condenariam, nos achariam criminosos ou ridículos, nos perseguiriam com a radiopatrulha ou com sorrisos de desprezo.

Que fazemos nós — que faz o nosso EU — diante dessas idas e vindas interiores produzidas pelos nossos anseios e medos? Nosso EU procura justificar-se, dizer que aquele pensamento não é bem dele, que aquilo é uma bobagem, que ele jamais pensaria em fazer uma coisa daquelas, que nunca teve a intenção (que está tendo!).

> Nosso eu se comporta e fala dentro de nós como se estivesse diante de uma comadre astuta, vigilante e malevolente que observasse suas menores reações e estivesse sempre pronta a atribuir-lhe as piores intenções...

Essa comadre fofoqueira-mor é chamada pelos psicanalistas de superego. Os analistas transacionais a denominam Pai Crítico. Os religiosos a chamam de Deus — ou Demônio, conforme o caso. Os protestantes falam muito da Voz da Consciência.

O superego é o maior fofoqueiro do mundo! O eu tem um medo terrível de todas as fofocas que o superego poderia fazer a seu respeito, e pouco faz além de viver dando explicações e justificativas a ele.

Na verdade, o superego é a fofoca: ele é a interiorização de todas as *interpretações malevolentes* que já foram feitas a respeito de nosso comportamento ao longo de toda a nossa vida.

O medo de ser falado — fofocado — é

COM CERTEZA

o mais frequente motivo de supressão de nossos pensamentos e desejos pessoais.

"Que dirão os outros?" ou "Que dirão se souberem?" é o mais frequente argumento que usamos para *não fazer* o que agrada a nós, o que nos interessa e, inclusive, muitas vezes, o que nos é NECESSÁRIO.

A essa luz, a fofoca não é mais engraçada.

É DESGRAÇADA.

A fofoca é trágica. Ela é o principal instrumento e motivo de toda autocensura, de toda autocastração, de toda irrealização pessoal. O psicanalista não diz assim — seria perder *status*! Mas basta saber ler nas entrelinhas e, principalmente, "ouvir" a conversa de dentro para saber que é assim.

Nosso diálogo interior é tão rico de fofoca como o diálogo exterior.

A FOFOCA E OS TEÓLOGOS MEDIEVAIS

Como os teólogos moralistas medievais se divertiam e encantavam imaginando toda espécie de atos, intenções e omissões pecaminosos!

Como se compraziam em colher, discutir, codificar os casos de confessionário, os mais raros e escabrosos!

Como ponderavam sábia e sutilmente sobre os prós e contras dos pecados, seus motivos e a situação, se eram mortais ou apenas veniais, se havia atenuantes ou agravantes.

Como se compraziam depois em impor penitências — e que penitências! — a todos os que pensavam coisas parecidas! Coisas parecidas com o que ELES MESMOS tinham pensado!

Não é uma graça?

E hoje, como se passam os fatos?

Iguaizinhos.

Há no KREMLIN (E NO PENTÁGONO TAMBÉM!) umas salinhas onde se reúnem vários homens muito saudáveis (respeitando certos critérios), bem parecidos, bem tratados, inteligentes, vivos e muito bem pagos.

Todos eles — das DUAS casas — consideram seu papel SERIíssimo e (pasmem!) REALíssimo.

Eles são MUITO bem pagos para quê?

Para IMAGINAR tudo que

O INIMIGO imaginaria

no caso de "se ver obrigado" a iniciar uma guerra de surpresa...

O inimigo — vulgo eu — é um caso sério!

Pensa cada coisa tão traiçoeira e ardilosa, tão sem nenhum escrúpulo que só mesmo um inimigo da gente poderia pensar. Como o inimigo é filho da p.

— É de rir ou é de chorar?
— É de são ou é de louco?
Louco perigoso...

TANTO OBJETIVA QUANTO SUBJETIVAMENTE
E SEMPRE NAS ESCALAS MAIS ALTAS, A

FOFOCA É O MAIS GIGANTESCO DOS FATOS HUMANOS.

Diante das reflexões já formuladas, pode-se perguntar se existem **duas** fofocas — a de fora e a de dentro — ou se não se trata uma coisa só.

SOMOS NÓS QUE FAZEMOS FOFOCA
ou
É A FOFOCA QUE NOS FAZ?

Considere, leitor.

As pessoas confundem quase sempre
— falar *sobre* fofoca e
— *fazer* fofoca.

O falar sobre é SEMPRE engraçado (o fazer já não é tanto).

O engraçado de um caso OBLITERA a falta de graça do fazer fofoca e (vamos repetir para compreender melhor):

FALAR SOBRE (ESTUDAR) FOFOCA, sendo SEMPRE engraçado, leva todos à convicção pública — coletiva — de que A FOFOCA É UMA GRAÇA — UMA BOBAGEM — e nada mais.

E assim o ruim da fofoca não aparece nunca.

É assim que ela se esconde: apagando-se em público e em risos — e corroendo em particular.

3
UMA HIPÓTESE CHAMADA FOFOCA

Os homens na certa não são lógicos.

Nem podem ser.

Se decidíssemos com lógica, certamente não decidiríamos coisa nenhuma porque nunca sabemos tudo de tudo.

A todo instante resolvemos isso ou aquilo baseados na informação que temos, de regra pouca e má. A fofoca é isto: uma hipótese baseada em dados mais do que deficientes.

Vimos alguém passando.

Vimos alguém sorrindo.

Vimos alguém falando.

E logo concluímos que João é um corno, que Antônio é um sacana, que Amélia trai o marido.

Basta pouco, muito pouco mesmo, e lá vai a história inteira, baseada em fatinhos minúsculos,

um passar

um sorrir

um falar.

COMO SE VÊ, É PRECISO MUITA IMAGINAÇÃO PARA FAZER FOFOCA. O QUE NÃO SE DIZ SEMPRE COM A DESEJÁVEL CLAREZA É QUE A FOFOCA É A IMAGINAÇÃO DE QUEM *FAZ A FOFOCA*.

Retrato de quanto quis fazer e não se animou, de quanto desejou ter e não conseguiu.

Temeu a fofoca

a própria — que faz
a alheia — que ouve/receia.

É bem assim.
Só quem viveu o fato sabe como foi.
Quem ouviu falar ou surpreendeu um pedaço — quase sempre muito pequeno — não sabe o que aconteceu. Imagina, supõe, adivinha — usando todo o SEU passado para completar o que não sabe.
Se transmitíssemos somente o que de fato percebemos — com louvável espírito científico e jurídico —, diríamos apenas coisas assim:

Vi Amélia em um Opala com o Luís.
Falavam e sorriam.
Passaram muito depressa.
Vi Amadeu e Judite em uma festa. Pareciam felizes.
Fui visitar Beatriz e sua filha estava muito birrenta.

Esses são fatos.
As fofocas são bem outras — claro.
Mas destrançar todas as imaginações individuais que se entrelaçam em uma única grande fofoca é trabalho para um perito.
Quem conta um conto aumenta um ponto — é sabido. E nele se amarra — à rede.
Quando se sabe de uma fofoca grande, pode-se ter certeza de que foi construída à custa da frustração de muitas pessoas, cada uma delas acrescentando ao relato original seu medinho individual.

TODOS NOS SENTIMOS VÍTIMAS DA FOFOCA — quando ela chega a nós.

Mas ninguém se sente agente da fofoca. Estranho, não?
É que fofoca MESMO só ELE faz.
— Eu?
— NUNCA?

4
FOFOCA: DEFINIÇÕES E CLASSIFICAÇÕES

Resumindo o parecer dos autores mais conceituados, podemos dizer que fofoca é a informação ou o comentário tendencioso sobre um terceiro ausente.

O tendencioso da notícia manifesta-se de dois modos distintos, mas complementares:

1) a fala;

2) o acompanhamento expressivo.

A fala, por sua vez, pode ser decomposta em:

— transmissão alterada de notícia;

— interpretação tendenciosa dos motivos.

A notícia, ao passar de pessoa a pessoa, vai sofrendo alterações e/ou acréscimos, que a modificam.

Mais importante, porém, do que essa modificação na notícia é a INTERPRETAÇÃO que o fofoqueiro faz das ações ou dos ditos de sua vítima. Os tratados não dão ênfase suficiente a esse fato, limitando-se ao primeiro. "Quem conta um conto aumenta um ponto" é citação que pode ser encontrada em toda a bibliografia. Esse é o fato mais demonstrável. Poderia até ser transformado em documento — texto ou gravação.

Mas não é o mais importante.

Importante é a interpretação, é o atribuir das piores intenções possíveis às ações e aos ditos do fofocado. Este, porém, e por sua vez, ao praticar ou dizer o que fez ou disse, sentia-se sempre movido dos mais límpidos e dignos propósitos.

COMO É AMARGA A INCOMPREENSÃO HUMANA!

Por terem ignorado a distinção entre reprodução alterada e interpretação tendenciosa, os autores deixaram de perceber que a psicanálise não passa de um gigantesco sistema de fofocas, organizado em forma de teoria científica.

O material sobre o qual se baseia toda a doutrina psicanalítica é a fala das pessoas sobre a família, as coisas proibidas, secretas e feias que cada um fez ou desejou fazer ou em que pensou. Sobretudo, sexo. Isso, como se percebe, é a própria fofoca e nada mais. A psicanálise é a sistematização e a explicação subjetiva de toda a Fofoca Cósmica. Voltaremos ao assunto.

De outra parte, as expressões de rosto, de mão ou de corpo inteiro que acompanham a fofoca verbal são muito características. Se observarmos com um binóculo alguém distante que esteja *fazendo fofoca*, teremos no ato a certeza do fato, mesmo sem ouvir nada da fala.

Sempre podemos saber, *pelo jeito*, que uma pessoa está fazendo fofoca.

Em matéria de fofoca,

A FORMA É A MENSAGEM!

O elemento visual da fofoca vai além. Com frequência, o olhar desdenhoso, o muxoxo de desprezo, o gesto de pouco-caso das mãos ou o modo de olhar de cima para baixo são *toda* a fofoca. Dizem do outro e ao outro: "Coitado!" ou "Filho da p.".

Por aí se vê que o elemento visual é mais importante que o verbal porque um pode existir sem o outro, mas o contrário não é verdadeiro. Esse é outro ponto de todo omitido pelos tratadistas clássicos. Devido a essa omissão, eles não conseguem incluir na fofoca, por exemplo, toda a variada sinalização expressiva de duas amigas que, em uma reunião social, assistem à chegada de uma inimiga.

Gestos e olhares da fofoca visual são complexos. Há segredo: tendência ao cochicho, ao abaixar de voz, ao esconder da boca com a mão. Há malícia: olhar de cumplicidade, risinho satânico. Há orgulho: jeito de quem se exibe, face e sobrancelhas que se levantam. Há inveja: o risinho satânico é um quase nada esverdeado, o olhar desdenhoso é também perplexo — quiçá despeitado.

A fofoca visual goza de uma prioridade especial — muito usada pelas mulheres e pelos superiores. Ela pode ser feita *na presença* da vítima, que *não tem como* protestar nem provar que foi vítima de uma depreciação.

Não é possível demonstrar que a fofoca visual existiu porque ela aconteceu em um instante apenas, sob a forma de um olhar ou de um sorriso. Quando a vítima — que quase sempre percebe — protesta contra o fato, logo ouve:

— Que ideia! Não foi nada disso *que eu disse!* Não tive a menor intenção!

No entanto, um filme mostraria com clareza o fato que existiu durante um instante — e logo passou.

Sem cunho pessoal e íntimo, a fofoca não teria graça nem sentido. Quem a faz e quem a ouve são CÚMPLICES num CRIME COMUM. São CONSPIRADORES que estão trançando uma rede na qual apanham alguém que fez ou disse coisas contrárias à moral ou aos bons costumes — dos dois!

TODOS OS FOFOQUEIROS SÃO POLICIAIS DO *STATUS QUO*.

5

A CHAVE DO MISTÉRIO

Quase todos reagem mal quando um conhecido muda de comportamento — ou de jeito.

Reagir mal quer dizer: proceder de tal maneira que tende a fazer que a pessoa, com a intenção de mudar, volte a seu comportamento antigo. Com jeitos e com caras, vamos logo dizendo:

O que está acontecendo com você?
Você não era assim!
Você está diferente (e a cara é de surpresa, de condenação ou de perplexidade).
Não o estou reconhecendo.
Você me preocupa.
Não sei o que há com você.
Você está tão diferente!

As coisas se passam como se um móvel da minha casa amanhecesse de repente com outra forma, como se uma cadeira virasse mesa, ou mudasse de lugar por conta própria.

A mudança do outro me desorienta e compromete nosso relacionamento usual. Eu não posso mais fazer com ele como sempre fiz. Sua mudança me obriga a mudar. Um pouco antes, as coisas estavam todas "nos seus lugares", e eu podia caminhar sonambulamente de uma para a outra, sem prestar atenção. Agora que ele mudou, tudo fica incerto.

Precisamos que as coisas estejam sempre no lugar para nos sentir-mos *inconscientemente seguros*.

O OUTRO NÃO PODE MUDAR PORQUE ISSO ME PERTURBA.

Em vez de dizer assim, tento convencer a mim mesmo, e aos demais, que o estabelecido ou o costume é sagrado, são leis naturais ou divinas imutáveis. Portanto,

morte ao herético!

Os preconceitos de dado grupo são a expressão verbal do esforço comum de conservar "para sempre" a estrutura das relações sociais. Tudo *tem de ser* como sempre foi. É impossível mudar a estrutura das coisas, do mundo, da realidade — assim chamada; a dura realidade, a que subsiste apesar de todos — assim se diz.

No entanto, a realidade é um decreto da maioria e sua dureza pro-vém da intolerância humana. A realidade não é dura como as pedras. Ela é cruel como só os homens conseguem ser — ou fazê-la.

Propor e defender meu modo de ver a situação, em confronto com a visão do outro, deixa-o perplexo, fá-lo sentir-se entre VESGO e EMBRIAGADO. Ele sofre da sensação de ver os objetos desdobrados em dois, ou de ver dois mundos de objetos, o dele e o meu.

O exato seria dizer que existem o meu mundo e o seu mundo, que você se move em um e eu no outro. Não é obrigatório que eles coli-dam ou se excluam. Eles podem coexistir, mas é preciso muita matu-ridade pessoal para aceitar que é assim. A maioria das pessoas reage com o grito clássico: morte ao divergente!

E faz fofoca.

A essa luz podemos ter uma razoável certeza de que a projeção mais comum entre as pessoas é a projeção da individualidade — esse fator incômodo que me faz diferente de todos os demais. Assumo os papéis que meu pequeno mundo determina e nego tudo que em mim se opõe a esses papéis.

Ao aceitar a realidade da maioria, anulo minha individualidade, excluo minha posição pessoal.

A MAIOR VANTAGEM do cidadão NORMAL, que cumpre todas as suas obrigações, é a IRRESPONSABILIDADE. Seguindo a regra de todos, ou procurando satisfazer continuamente as expectativas dos que me cercam, não tenho vez para inventar uma solução. Em compensação, não corro risco nenhum.

Quem faz como sempre se fez e como se espera que seja feito não corre o risco de errar. Os outros o compreenderão sempre e o apoiarão. Mas quem não erra não aprende — como é próprio do conservador, que vive, mas não vive; que vive a vida de todos, mas não a própria. Toda sua força se concentra na tarefa de fazer cumprir a lei, de vigiar e de fiscalizar, de acusar e condenar toda variação, para que seja feita sempre a vontade da maioria uniformizada.

O conservador é como o holandês: passa a vida construindo diques para que o mar não invada a terra. Vivendo para se confundir com os demais, controlando-se para se manter sempre o mesmo, o cidadão normal teme tudo que é novo — mesmo que se sinta fascinado pela novidade.

O maior erro do conservador é acreditar

que todos os conservadores são iguais entre si,
ou
que TODAS *as pessoas* DEVEM *proceder do* MESMO MODO.

Como um pelotão de soldados uniformizados. Não estão todos com *a mesma* aparência? Não marcham todos *ao mesmo* passo? Então, *são todos iguais,* evidentemente.

Certo é dizer: são iguais *sob certos aspectos.* Sob outros, não sabemos.

Muito menos se pode afirmar: sendo iguais na farda e na marcha, *têm* de ser iguais em tudo o mais.

O conservador faz fofoca sobre os divergentes porque estes comprometem todo o seu sistema de segurança.

A maior arma do conservador é a fofoca.

Vamos dizer a mesma coisa em outras palavras.

As sociedades criam tipos de personagens que todos procuram imitar e tipos de personagens que a maioria tenta não ser. Não falamos só da "sociedade em geral" — termo bastante confuso. Falamos das pequenas sociedades das quais cada um faz parte: a família, os amigos, o trabalho, a turma, o bairro.

Em cada uma delas, existe o jogo dos tipos ideais e dos tipos negativos — mocinhos e bandidos.

Nesse contexto, todos os cidadãos de cada mundo se dividem pelo menos em duas metades: a metade "boa", "certa", "normal", "natural", que acredita estar identificada com os ideais da sociedade em que vive, preconceituosa, quadrada; e a metade "má", "errada", contrária à natureza, que por atos, atitudes ou omissões se opõe às verdades estabelecidas.

São os MARGINAIS. (SUPERIORES OU INFERIORES — só o futuro determinará quem é o quê!)

Fofoca oficial é a dos quadrados contra os marginais. Mas o contrário também existe.

A DESGRAÇA É QUE O CONTRÁRIO SEMPRE EXISTE!

E é bom não ser ingênuo dentro dessa rede diabólica. Também os quadrados fazem fofoca contra os quadrados — porque eles são iguais. E também os marginais se criticam asperamente.

VIVA A HUMANIDADE!

(Se ela conseguir sobreviver.)

6
A MULTIDÃO DE DENTRO

A fim de avaliar todo o poder da fofoca sobre as pessoas, precisamos compreender bem que somos habitados interiormente por uma multidão tão numerosa e heterogênea quanto a que nos cerca por fora.

O fato é óbvio e, por isso, difícil de evidenciar.

Andar e respirar são duas funções importantíssimas da personalidade, mas quase ninguém consegue perceber quanto valem. Dizemos que elas "são naturais", e com isso enterramos todos os problemas, todas as perguntas e todas as respostas.

Falar é natural, ora.

Pensar é natural, ora.

Já ninguém diz que pensar é falar sozinho — o que é verdade nove vezes em dez.

Mesmo sendo da experiência de todos que falamos sozinhos a maior parte do tempo em que estamos calados, quando dizemos às pessoas que elas falam sozinhas quase todas mostram um vago constrangimento, como se estivessem sendo tachadas de alienadas ou, no mínimo, de esquisitas. No entanto, se perguntarmos às pessoas se elas estão pensando, todas concordarão depressa e sem estranheza: claro que pensamos "o tempo todo". Mas claro também que nós... não vivemos falando sozinhos. Nove vezes em dez, essas duas afirmações são idênticas. Falar é com certeza a atividade mais frequente do homem. Passamos a metade do tempo falando para fora — com os outros. A outra metade passamos falando sozinhos.

Quase ninguém sabe dizer com clareza em que consiste o falar sozinho. Quantas vozes existem quando falamos sozinhos? Uma, duas, várias? Parece que será sempre necessário que existam duas porque a palavra é a própria essência da comunicação, isto é, ela só tem um sentido quando falada de uma pessoa para outra — e quando as duas falam a mesma linguagem, claro. Quando eu falo sozinho, portanto, há ao menos duas pessoas: a que fala e a que ouve. Quando eu falo sozinho, eu falo ou eu ouço? A voz que fala é a minha ou a do outro? São sempre as mesmas vozes? Sendo várias, posso reconhecer e identificar cada uma delas? São de homem ou de mulher, de velho ou de criança?

A estranheza que esses questionamentos devem ter produzido na maior parte dos leitores deve-se a um fortíssimo preconceito que aprendemos desde pequenos, que diz que quando estou *pensando* só existe *eu* na minha cabeça e o meu pensamento faz exatamente *o que eu quero*.

Nenhuma dessas duas afirmações é verdadeira — e todos nós sabemos disso! Quando estou pensando, há muitas opiniões em mim, entrechocando-se. Cada uma representada por uma frase, por fragmentos de frase, por palavras soltas ou por simples expressões faciais. Às vezes ficamos admirados, espantados, ofendidos ou encantados com aquilo em que pensamos — com o que surgiu na nossa mente! Nosso rosto participa muito do nosso diálogo interior, e muita gente ficaria espantada se pudesse ver as expressões do próprio rosto filmadas quando estivesse sozinha e... pensando!

Mas meu pensamento não é meu também de outro jeito: não é fácil pensar exatamente em que quero pensar. Vem-me à mente, com força própria e não raro com muita teimosia, uma porção de coisas em que eu preferia não pensar — ou preferia esquecer. Nem sempre lembramos aquilo de que precisamos na hora certa — outra prova de que o pensamento não nos obedece. Enfim, quando temos de fato a obrigação de pensar num assunto — digamos uma prova — ou num negócio a ser resolvido amanhã, nem sempre conseguimos nos forçar a pensar sobre o que dizemos ser importante ou necessário.

TRATADO GERAL SOBRE A FOFOCA

Mas continuamos todos a dizer que pensamos muito direitinho e nunca falamos sozinhos — imagine! Isto é, quando penso, só *eu* estou na minha cabeça, e meu pensamento faz tudo e apenas o que eu quero.

Outras perguntas sobre as vozes interiores poderão alertar melhor o leitor ainda descrente. O velho, a criança e o alienado que falam sozinhos sem disfarce mostram bem o quanto é dramático o pensamento humano, o quanto ele se processa à custa de expressões de rosto, de tons de voz, de gestos e atitudes que ou não são de uma só pessoa, mas de várias, ou são de uma pessoa só, porém diante de muitas outras — uma de cada vez e em várias situações. E qual a diferença entre essas duas alternativas? Será fácil distinguir os outros que falam comigo dos outros com quem falo? No caso dos alienados, dos velhos e das crianças, com certeza, não. Sozinhos, eles induzem no espectador interessado a noção de que estão se movendo em muitos palcos, ou muitas cenas, e diante de muitos personagens. Quem, portanto, está "puxando" a conversa?

No entanto, esses indivíduos estão sozinhos em forma modelar. Isto é, são aqueles que, declaradamente, "falam sozinhos"! Bem podemos dizer: quantos estão falando com quem fala sozinho? Ou: com quantos está falando quem fala sozinho?

Até agora, as falas e as caras.

Vejamos os personagens internos. Primeiro, os sonhos. Hoje sabemos que todas as pessoas sonham três ou quatro vezes por noite, 15 a 20 minutos por vez — a cada hora e meia de sono. Sabemos também que existem um movimento dos olhos da pessoa adormecida e uma onda elétrica especial no cérebro quando estamos sonhando. Se fizermos uma pessoa dormir num laboratório e a acordarmos no fim de cada período de sonho, ela nos contará sempre sonhos muito detalhados, coloridos, com personagens bem definidos, como se o sonho fosse realidade. Normalmente, esquecemos quase todos os nossos sonhos e quase tudo de cada um deles. Mas se pedíssemos a uma pessoa para *registrar* seus sonhos recentes, *com todos os pormenores*, durante dois ou três meses, obteríamos um livro estranhíssimo, cheio de mil situações estranhas *e de mil personagens desconhecidos*. Não é preciso sequer usar o laboratório. Basta pedir a quem lembra sonhos com certa regularidade que os registre durante três meses. Mesmo com simplificações e omissões, a pessoa ainda teria muito sobre o que pensar a respeito dos inúmeros fantasmas que habitam seu mundo interior.

De um modo ou de outro, torna-se clara a seguinte afirmação: além de sermos habitados por uma porção de vozes, somos habitados também por uma multidão de *figuras* e de *cenas* muito desconhecidas para nós, muito alheias à nossa consciência acordada. Pergunto se as muitas vozes e caras que descobrimos em nosso falar sozinho não estão ligadas a essas muitas vozes e a esses muitos personagens de nossos sonhos.

LEVAMOS TODOS CONOSCO UM VASTO AUDITÓRIO INTERIOR.

Avancemos mais dois passos na mesma direção, eles também da experiência de todos. Quer chamemos de fantasias, preocupações ou projetos, a verdade é que passamos a maior parte do tempo engendrando situações, cenas e personagens que poderão nos ajudar ou atrapalhar, que são amigos ou inimigos, que nos fazem felizes ou nos deixam apreensivos. Nosso "pensamento", na maior parte das vezes, é meio parecido com nossos sonhos...

> Nossas gloriosas tradições ocidentais, católicas e brasileiras favorecem o infeliz, o desgraçado, o coitado, a vítima. Se digo aos outros "Estou preocupado com o amanhã", todos compreendem e quase todos concordam. Se eu disser que estou imaginando coisas gostosas, que podem acontecer tanto quanto meus maus presságios, todos me tacharão de adolescente, de sonhador; dirão que estou fugindo à realidade ou construindo castelos no ar.

No entanto, a pessoa preocupada está fazendo exatamente a mesma coisa que eu. Só que, em vez de estar pensando em coisas bonitas, alegres e aprazíveis, está pensando em coisas ameaçadoras, opressivas e desagradáveis.

Na verdade, *eu estou imaginando os bons sentimentos que estou experimentando e o outro está fazendo exatamente a mesma coisa.*

Nosso pensamento/fantasia está retratando espontânea e continuamente nosso estado afetivo básico, bom ou mau. "Eu sou um sonhador, ele é um pesadelor", lembrando um famoso dicionário de Millôr Fernandes. Isto é, ele sonha continuamente com pesadelos...

Mas é preciso insistir e sublinhar: a maior parte das pessoas do nosso mundo é bastante boba, infeliz ou mal condicionada *a ponto de considerar mais realistas os pesadelos do infeliz do que o sonho do felizardo* — quando, na verdade, as coisas são tão incertas, irreais ou fantasiosas em um caso como no outro.

Quer sejam sonhos ou pesadelos, porém, todos nós, a todo instante, nos vemos cercados e envolvidos por mil fantasias, felizes ou infelizes. De novo nos surpreenderíamos muito se alguém filmasse com finura nossos gestos, faces e posições quando estamos sozinhos e sem fazer nada.

Teríamos lições preciosas também se nos filmassem quando sozinhos, mas fazendo coisas. Nosso *estilo* de fazer coisas também supõe cenários, personagens e histórias.

Há pessoas ou horas nas quais manipulamos os objetos como se eles fossem de cristal — com muito cuidado e delicadeza, como se tivéssemos compaixão e cuidado com todo o universo. Em outros momentos manipulamos os objetos como se eles fossem de ferro: descuidada e pesadamente — como se quiséssemos nos impor ao mundo como tiranos implacáveis. Há pessoas que, ao manipular qualquer objeto, principalmente dinheiro, fazem cara e têm o jeito de quem está sentindo nojo, de quem está dando alguma coisa a alguém com muito desprezo — não sei se desprezo pelo outro, por si mesmo ou pelo objeto dado.

É claro que no mundo dos gestos e das poses existe um sem-número de famílias de personagens: a dos superiores, a dos suplicantes, dos imperativos, dos ressentidos, dos amorosos... Por que as pessoas precisam *imitar algum personagem* ao fazer alguma coisa? Só existe uma categoria de gestos simples e diretos, que é a dos artesãos de longa prática: um marceneiro com 15 anos de experiência no manejo de suas ferramentas faz exatamente o esforço necessário e nada mais. Seu gesto não tem expressão em sentido próprio: não é dramático, não é ensaiado, não é encenado. Ele é o que tem de ser. Dados o corpo humano e sua possibilidade de movimentos, dados um serrote e uma tábua, o problema é conseguir o corte mais retilíneo, com o mínimo de esforço, em ritmo ótimo. Todos nós temos um pouco desses gestos artesanais nos nossos gestos muito familiares, de sentar, de levantar, de manejar talheres, escovar os dentes, tomar banho etc. Mas, mesmo aí, esboçam-se algum estilo e, não raro, alguma expressão.

Por exemplo, há pessoas que se lavam como se estivessem se acariciando, enquanto outras se esfregam com energia e decisão — como se fossem mamãe autoritária dando o banho obrigatório no moleque que veio da rua. Por que nós fazemos tudo com "expressão"?

Não sei. Só me importa aqui que é assim, que nós, ao fazermos as coisas e ao falar, vestimos mil trajes e desempenhamos mil papéis. Temos em nós uma multidão de personagens, cada qual lembrando uma cena, um lugar, uma fala, ou temos todos, em nós, um vasto guarda-roupa, mais um depósito de máscaras e textos que combinamos de muitos modos.

O microcosmo — como se dizia antigamente — reproduz
o macrocosmo.

Temos DENTRO DE NÓS tudo que existe FORA DE NÓS —
inclusive gente.

PRINCIPALMENTE gente — é claro —, porque gente é o que
mais existe fora de nós, é o que é mais rico em surpresas (e o mais
perigoso).

DIALÉTICA-CIBERNÉTICA

Somos TODOS mais ou menos exibidos. E, ao mesmo tempo,
somos todos muito curiosos em relação àqueles que nos
cercam.
Uma coisa completa e produz a outra, circularmente: somos
exibidos porque somos olhados e, como vivemos nos entreo-
lhando, fazemo-nos exibidos. Assim nasce o palco social.

De novo, é preciso recordar as pessoas quando sozinhas e filmadas. Comportam-se todas como se *alguma espécie* de auditório estivesse presente, como se algumas pessoas estivessem olhando.

Às vezes, o auditório faz a pessoa conter-se. Em outras, ela — sempre sozinha! — age como se quisesse afrontar, desprezar ou ignorar
ostensivamente o auditório. Mas, também, quando nego ativamente o
público, estou afirmando seu valor para mim.

É como se eu dissesse a "eles" — meu público invisível: "Vejam,
não ligo para vocês!" A alma da frase — na verdade, da atitude — está
no "vejam". Isto é, "olhem para mim": "Quero *lhes mostrar* que vocês
não me interessam!"

Essa é outra fórmula — com utilidade específica — para dizer que
somos sempre dramáticos, que fazemos todas as coisas como se hou-
vesse gente olhando.

Na rua é fácil ver os que estão em uma passarela. Na sala de espera de um cinema, mais fácil ainda. Em uma reunião social, então, só
se vê exibição.

OS ESPIÕES DE DENTRO

Ao auditório interior de vozes que comentam tudo que acontece conosco e com os outros soma-se uma plateia que OBSERVA
tudo que fazemos.

Basta pensar no que é fofoca para perceber o quanto se relacionam
— ou se confundem — as de dentro e as de fora.

Fofoca é falar com outro sobre o que vimos — ou ouvimos — de
um terceiro ausente. Sabemos todos que a fofoca que eu fiz agora —
com B sobre A — será passada adiante por B, com dois acréscimos:
uma fórmula pessoal para o que ouviu de mim, mais uma fofoca a
meu respeito...

A fofoca segue o princípio da explosão em cadeia, *fora e
dentro* de mim.

O que surge em minha mente, assim como o que me dizem, soa do
mesmo modo — ou de forma muito parecida. Provoca respostas
iguais — ou muito parecidas — de expressões de rosto, gestos, respostas verbais.

Não fosse a ampla confusão entre a fofoca de dentro e a de fora,
esta não seria tão prejudicial como é.

Quando fofocados, não sabemos se fomos traídos por um
amigo, por um inimigo ou por um "pensamento" nosso...

Não vimos há pouco que "meu" pensamento é a voz dos outros em
mim — e também seus olhares críticos?

Não é deles, para eles ou contra eles que "falamos sozinhos", como
que para nos justificar, esclarecer, explicar diante deles? Não é contra
"inimigos interiores" que vivemos lutando? Não são verdadeiros perseguidores *internos* aqueles maus pensamentos que nos invadem e
torturam, tais quais fofoqueiros anônimos, afirmando de nós coisas
fortes e "erradas" — como se nós as cultivássemos deliberadamente?

Só nossos pensamentos sabem, mais que nós mesmos, de nossos pensamentos! Diante da multidão interior, todas as nossas inclinações são manifestas, e é dessa multidão anônima que partem as acusações mais sérias contra nós. Por isso a fofoca atinge tanto as pessoas.

A de fora surge tão traiçoeira, inesperada — e deformada — quanto a de dentro.

Diria o existencialista: o medo que temos da fofoca de fora é o medo que sentimos diante das nossas intenções mais profundas — isto é, as mais negadas por nós.

O poder da fofoca é sempre íntimo — e indefinido — como uma insinuação malévola.

7
OS MOTORES DA MÁQUINA

Foi uma inglesa que, dentro da psicanálise, começou a falar oficialmente da importância do desprezo e da inveja para as pessoas. Essa inglesa se chama Melanie Klein.

Vamos fazer fofoca internacional: será que Melanie não começou a descobrir a inveja e o desprezo no mundo justamente quando os ingleses passaram a deixar de ser invejados e desprezados? Ou quando deixaram de invejar e desprezar os outros?

Porque uma coisa deve ficar bem clara desde já: os indivíduos orgulhosos e superiores têm dentro de si toneladas de desprezo — o que eles reconhecerão facilmente —, mas um número exatamente igual de toneladas de inveja, o que dificilmente um inglês colonialista reconheceria.

Inveja dos nativos — veja se pode!

No dizer da tradição inglesa, orgulho se mostra, inveja se esconde. Mas, se o número de toneladas dessas duas essências preciosas não fosse exatamente igual em cada indivíduo, seu equilíbrio psicológico seria impossível.

Seu equilíbrio físico também.

Na linguagem das atitudes e dos músculos, o orgulho — do alto do qual se despreza — é uma soma de contrações dos músculos extensores do corpo, aqueles que nos põem bem eretos, de pernas duras, peito inflado, coluna envergada para trás, face levantada e olhar que olha o outro de cima para baixo. Já a inveja é principalmente a contração de nossos músculos flexores, aqueles que, no macaco, fazem que o animal se agarre a qualquer galho que surja no caminho — até ao rabo! É a contração dos flexores que faz que ele se agarre a todas as coisas.

Esse é o princípio da curiosidade humana — o que me leva a mexer nas coisas. É também o princípio da sensação de propriedade privada, o que me leva a guardar o que agarrei — e a ficar agarrado a ele.

MEU É AQUILO QUE EU AGARRO, E MEU É AQUILO A QUE ESTOU AGARRADO.

Já imaginou o que aconteceria se aquilo a que estou agarrado não fosse meu? A borboleta pousada em um galhinho fino, num dia de ventania, que o diga.

É por isso que o inglês, sendo desprezador dos "nativos", se não fosse também invejoso, viveria caindo para trás, na direção do orgulho. Por isso a inveja, que o empurra para a frente — na direção da coisa querida —, equilibra o orgulho.

Mas deixemos de fazer fofoca sobre os ingleses, os proprietários, as borboletas e os chimpanzés.

Voltemos a fazer fofoca sobre os fofoqueiros. Há duas espécies fundamentais de fofoqueiro. A primeira é a dos orgulhosos, que desprezam a pessoa que estão criticando. A essa espécie de fofocado pode-se perguntar: se o outro é tão desprezível, POR QUE VOCÊ SE INCOMODA COM ELE?

A segunda classe é a dos ostensivamente invejosos. Ao fazer a fofoca, mostram no olhar e no rosto alguma coisa de espanto e de perplexidade. Esses são mais honestos, sabem fingir menos, ou não percebem o que estão mostrando!

A cara dos dois, porém, "diz" a mesma coisa.

COMO É QUE ESSE SUJEITO TEM CORAGEM DE FAZER ISSO?

O orgulhoso diz a frase como se o ato realizado fosse sempre uma vergonha, uma humilhação. Já o invejoso olha sua vítima quase de baixo para cima, e sua crítica tem um tom indisfarçável de admiração. Melanie Klein, em hora inspirada, denominou a essa ambivalência

DESPREZO INVEJOSO.

O paradoxo que está na raiz desse sentimento ambíguo admite uma primeira explicação fácil.

A fim de estabilizar-se, a sociedade desenvolve sistemas baseados na repetição, na capacidade biológica de gerar automatismos: costumes, tradições, leis, burocracia.

Mas, ao mesmo tempo, a sociedade precisa crescer — ou, apenas, não consegue impedir a mudança.

As pressões de mudança começam atuando sempre em indivíduos isolados, que passam a agir ou pensar de um modo diferente do usual.

Alguns têm novas ideias, inventam novos modos de relação pessoal, descobrem fórmulas ou máximas, máquinas, princípios.

Todos eles são vítimas da fofoca, tanto o adúltero e o cabeludo como o cientista e o filósofo.

OS ESTABELECIDOS SEMPRE CAÇARAM E TORTURARAM O INOVADOR.

Diga-se, porém, em defesa dos conservadores, que os inovadores sempre trouxeram consigo e produziram em torno de si incertezas, dúvidas e angústias sem nome.

OS INOVADORES SEMPRE TORTURARAM OS ESTABELECIDOS.

Amanhã poderá se tornar claro que o indivíduo hoje desprezado se transformou em um dos heróis que ampliaram os limites do ser humano.

Faz-se tanta fofoca maligna sobre o inovador bem-sucedido quanto sobre o inovador fracassado.

A diferença entre eles depende do chamado juízo da história: a geração *seguinte* àquela que sacrificou o herói passa a adorá-lo. Passa também a fazer uma fofoca implacável sobre aqueles idiotas que — em seu tempo — não compreenderam o grande homem. Também os antepassados podem servir de bode expiatório. Mas é bom não pensar só nos grandes homens.

A filha que é a primeira a desquitar-se, a moça que é a primeira a deixar de ser virgem, o rapaz que é o primeiro a largar a faculdade no meio também são inovadores e recebem todo o impacto da fofoca — mais ainda que o cientista maluco ou o poeta místico.

São todos inovadores.

São todos fofocados.

8
OS MUTILADOS

Não existe sociedade sem regras, sem proibições e sem preferências. Sociedade quer dizer minha casa, meu bairro, meu grupo de amigos, a cidade e mais. São muitas as sociedades de que fazemos parte.

As regras — às quais quase todo cidadão tenta obedecer sem criticar — permitem separar os *certos* e os *errados*: os que cumprem (ou dizem cumprir) e os que não cumprem os regulamentos.

Os NORMAIS (os que seguem as normas) e OS MARGINAIS. Se sou casado e de classe média, pago religiosamente minhas prestações para a Caixa Econômica, a Volkswagen, a companhia de energia. Se eu não pagar, sinto-me mal.

Se sou favelado, ponho panca de malandro, zelo pelo bom nome de minha mulata, bebo minha caninha, torço por meu time, faço minha FANTASIA (para o carnaval), controlo meu estacionamento e passo a mão no que posso.

Até aí, tudo muito claro e muito simples.

Não há mal nenhum em fazer como esperam que a gente faça. O MAL ESTÁ EM FAZER SÓ ISSO — só o que é "certo".

Temos mil vontades que os outros dizem não ter, não compreender nem aceitar — principalmente em matéria de amor, sexo e amor-próprio. Mas temos também muitos caprichos absolutamente inofensivos que não realizamos porque eles seriam tidos como ridículos ou coisa de criança.

Então nos contemos, nos mutilamos. Só mostramos e realizamos o que convém, o que é permitido e bem-visto.

A outra metade fica escondida, fechada. Aos poucos vai murchando.

A forma mais crua do contrato social é esta: eu mato metade de mim mesmo e você — em compensação — mata a metade de você mesmo. Assim — e só assim — poderemos formar um grupo.

Seremos uma poderosa multidão de meias-pessoas, todos guardando para si seus sonhos e anseios mais fundos, mais queridos e mais inocentes.

Até aí, tudo muito trágico e terrível. Mas normal. Muito normal. Na verdade, a própria normalidade.

Só há um pequeno erro na história (é História — a própria, a História do Ódio Humano).

O QUE A GENTE ESCONDE NÃO MORRE NEM DESAPARECE.

Fica aí, cada vez mais dolorido e deformado.

Um pouco de sede leva-me a procurar água; muita sede pode me levar ao assassinato, ou ao delírio.

> Que fazer com o porão cada vez mais cheio de coisas estranhas que continuam crescendo, crescendo, crescendo...?
> Fofoca, é claro.

Ele é que pensa todas essas coisas horríveis que *eu* estou *falando* e *jamais* passaram pela *minha* cabeça!

Tanto ele pensa que faz. Lógico, portanto, que eu atribuo a ele todas as minhas más intenções.

Que alívio...

Esvaziei o lixo todo. Ele é deveras um sem-vergonha.

> Quem eu fofoco é meu Jesus Cristo. Carrega meus pecados e me livra da culpa de querer o proibido.

Assim tudo fica melhor. Viver vigiando a si mesmo a fim de agir bem é cansativo e exige um alerta permanente. Vigiar o outro é muito mais fácil — é até divertido. É sempre bom sentir-se policial, juiz e promotor. Sentir-se réu, ladrão ou perseguido é péssimo.

Que fariam os bons se não existissem os maus para ser vigiados e fofocados?

A vizinha honesta vigia a vizinha desonesta e assim pode ter na conta as qualidades de virtuosa e zeladora dos valores morais. Em vez de ficar policiando-se o dia todo, angustiada diante dos próprios desejos e fantasias, ei-la que assume o sistema e passa a perseguir o inimigo.

Em um ato só, livra-se de si mesma, ganha um título de glória e desempenha uma função social clara e útil. Parece até a história da espionagem — e é. Não é à toa que existe tanta fofoca no mundo, e tantas histórias de espiões e contraespiões na TV e no cinema.

LEI DE GAIARSA

A quantidade de fofoca que existe no mundo e em cada pessoa é exatamente igual à quantidade de desejos humanos não realizados — à frustração cósmica — de cada um.

9
IRMÃOS SIAMESES

Mas ai dos bons que negam metade de si mesmos! Ao mesmo tempo que se negam, fazem-se solidários com os maus, que passam a ser/funcionar como a metade má dos bons. E VICE-VERSA. Mas também não é preciso ralar-se demais pelos maus, que servem aos bons e são tratados com tanta ingratidão.

A rede real é mais complicada que branco e preto porque ninguém é

BOM OU MAU;

somos todos

BONS E MAUS.

A vizinha honesta que vigia a vizinha prevaricadora e adúltera (!!!) é fofocada pela adúltera porque não paga o armazém — ou pelo gosto horrível no vestir-se.

Enquanto Antônio fofoca Joaquim porque este é tímido e talvez seja bicha, Joaquim fofoca Antônio porque este é escravo do sistema.

Como somos todos fofocadores e fofocados, vivemos firmemente amarrados uns aos outros por tudo pelo qual não temos ânimo de viver.

A solidariedade social se alimenta demais da irrealização pessoal.

Elo de frustrados.
Elo de frustrações.

Elo de frustradores.

Essa é a primeira forma — crua, mas eficaz — de solidariedade humana.

Quando falo dessas coisas em público, muitos protestam. Isso não é solidariedade, dizem.

Têm todos o preconceito cor-de-rosa a respeito da solidariedade humana, que deve ser positiva, amorosa, consciente etc. etc. etc. Em suma, mais um dos tais ideais impossíveis de que a gente se queixa A VIDA TODA por não conseguir colocar em prática.

Digo eu que solidarizar-se é comportar-se como um sólido. Várias "partes" juntas e solidarizadas agem como um só objeto — ou como uma organização unitária, centralizada.

Se digo que a metade má dos bons está nos maus e muito provavelmente a metade boa dos maus está com os bons, não vejo maneira

MAIS PERFEITA
de juntar
— solidarizar —
pessoas entre si.

Não estou dizendo que o elo é "bom". Digo que ele existe e é FORTÍSSIMO.

Gosto demais deste pensamento:

A SALVAÇÃO DOS BONS SÃO OS MAUS.

Se essa colocação das relações humanas parecer abusiva ou simplória, então apelo para a Autoridade.

Freud — ninguém menor.

Que dizia o mestre pessimista?

Que nós vivemos

PROJETANDO

nossos desejos, impulsos e
vontades nos outros.

Não sou eu que a desejo. Ela é que me provoca.
Não sou eu que sinto raiva — ele é que me trata de tal forma que
"não posso fazer outra coisa" senão reagir.
Não sou eu que tenho medo. Os outros é que são perigosos.
Não sou orgulhoso. Os outros é que são muito baixos e nojentos.
Basta?

Se GENERALIZARMOS até as microanálises familiares do Mestre, se
começarmos a perceber que vale para todos ou vale para muitos aquilo que o mestre descreveu em alguns, então passamos do pequeno
círculo social do indivíduo para a ESTRUTURA SOCIAL.

E Sartre — que diz esse homem feio que tanto desejou encontrar-
-se com o próximo?
Ele disse: "Entre quatro paredes" e mostrou, até nível de franco
sadismo, aquela verdade de para-choque de caminhão:

SEM VOCÊ NÃO DÁ
(para viver).
COM VOCÊ É IMPOSSÍVEL
(viver).

É isso — metades trocadas.
Eu brigando comigo — contra ela.
Ela brigando consigo — contra mim.
Será possível existir amarração social mais estreita?

Enfim, além dos para-choques de caminhão, temos o testemunho das convicções populares. Quem não sabe que o casamento é o encontro de duas METADES?

A conclusão — agora, sim, bem positiva — deste estado de coisas de muitos modos terrível pode ser formulada assim:

É IMPOSSÍVEL SALVAR-SE SOZINHO.

Graças a Deus!

AMÉM!

10
FOFOCA E EQUILÍBRIO

Como aprendemos
que corpo e alma são duas coisas muito diferentes,
que a alma é muito importante e o corpo só serve
para complicar a vida da gente (sexo),
ou para ficar doente e morrer,
nunca pensamos no corpo, no que ocorre com ele quando há coisas acontecendo em volta de nós ou dentro de nossa cabeça. Para homens verdadeiramente civilizados (!),
as coisas só acontecem *na cabeça*.

Os livros de filosofia dizem que o idealismo é um modo de conceber o mundo. O idealismo é o MODO DE VIVER de quase todos, que só têm — só são — cabeça, preocupação, "aí eu disse — aí ele disse", "minha opinião", "eu acho".

Ninguém fala: meu corpo está recebendo essa falação muito mal, sinto aqui (na boca do estômago) um negócio que está gritando NÃO, sinto aqui (nos culhões) que você me toca profundamente, sinto aqui (no coração) que você me faz viver.

Quem falava assim eram os heróis gregos — e os grandes personagens bíblicos!

Por que não seguimos seu exemplo nesse ponto? Eles eram grandes — dizemos. Mas se eu fizer como eles faziam me chamarão de histérico.

Pra que a digressão?

Porque a fofoca nasce de uma perturbação do nosso equilíbrio físico — de corpo —, mas ninguém percebe isso. E quando se explica ficam todos com cara de dúvida.

A conexão é muito simples e direta.

INTENÇÃO significa EM TENSÃO (muscular).

Se estou com a intenção de algo, então estou com o corpo preparado e inclinado para algo — na direção da ação ou do objeto da ação. (Por que se inventou a expressão "estou inclinado a"?)

Vendo crianças, essas coisas ficam claríssimas. Uma criança que está querendo, gostando de ou desejando alguma coisa fica com as mãos estendidas e o corpo inclinado — por vezes até perigosamente — na direção do que deseja.

O que todos ignoram, porém — e a escola nunca falou a esse respeito —, é que nosso equilíbrio no espaço é uma coisa muito complicada. Se fizermos um boneco com forma de gente, é fácil ver que ele cai à toa, com qualquer pequeno empurrão. Pois qualquer movimento que *a gente mesmo faz* vale por um empurrão que a gente dá em si mesmo. Mas mesmo quando fazemos grandes movimentos — quando nos damos grandes empurrões — dificilmente caímos. Não caímos porque mais da metade do cérebro só serve para não deixar o corpo cair.

Todo mundo já viu robôs de cinema. Por que é que aqueles monstrengos parecem uma barrica em cima de rodinhas? É porque, se o cientista fosse fazer um robô parecido com gente, ele precisaria de um computador do tamanho do Pão de Açúcar só para não cair.

Quero deixar bem claro que não estou dando palpites nem "achando" que pode ser assim. Estou usando meus conhecimentos de fisiologia nervosa e muscular — que são bem densos e atualizados. Todos os nossos desejos, temores e intenções funcionam como empurrões que nossos instintos, vamos dizer assim, dão na gente.

Agora podemos voltar a falar de fofoca.

Quando ouço de alguém que ele fez o que eu gostaria de fazer mas não me animo, é como se eu recebesse — desse em mim mesmo — um empurrão na direção do mal. Na direção que eu considero má — e outras partes de mim também.

Se alguém fez, por que é que eu também não posso fazer?

Como nunca percebo o que acontece em meu corpo,

sinto esse empurrão *como se o fofocado tivesse me empurrado* — o moleque!

Insisto na realidade da mecânica. Não estou fazendo uma comparação para tornar as coisas mais fáceis. O empurrão existe mesmo e aparelhos suficientemente sensíveis — *que já existem* — podem indicá-lo com toda a clareza.

O que acontece quando me dão um empurrão?

Imediatamente, fico duro de corpo — para não cair. Essa reação é muito rápida. Diante do empurrão, uma porção de músculos se contrai ao mesmo tempo e em uma fração de segundo — *muito antes que eu perceba o que está acontecendo*. É como quando a gente escorrega.

Como fica meu jeito LOGO DEPOIS do empurrão?

Empertigado

— ou orgulhoso.

A empertigação — o movimento mais típico de amor-próprio ofendido — é uma atitude caricatural. O empertigado parece uma pessoa que se pôs MUITO DE PÉ. Que ficou de pé e depois exagerou, coluna bem envergada para trás, face erguida, olhar dirigido de cima para baixo, peito para a frente, ombros para trás e para cima.

Ora, pense com os olhos, leitor: quem fica MUITO em pé está prestes a cair PARA TRÁS.

Quem faz o que eu não tenho coragem de fazer é como se quisesse — ao me empurrar — me fazer cair.

Vejam que molecagem de mau gosto! Que faço eu contra o mal-educado? Quase me fez cair — em tentação. Quase me fez desejar minha... degradação.

(Degradação, na raiz latina, significa "descer a escada" — de "gradus", degrau. Portanto, degradar-se é cair — também.) A queda moral está muito mais próxima de um tombo do que as pessoas virtuosas imaginam.

O moleque me fez de ridículo e tive de reconquistar minha... dignidade — levando um susto.

Fica assim claro que, além do mais, a fofoca perturba seriamente o equilíbrio CORPORAL das pessoas.

O impulso — a tentação — que eu brequei em tempo (graças a Deus!) volta-se contra o moleque que me empurrou, e logo passo a fazer o que estiver em mim para que ele se esborrache. Quero de fato jogá-lo ao chão, pisar nele, tripudiar contra sua impertinência.

CHARADA

Pode não parecer, mas os comentários seguintes são corolário — em sentido próprio — das colocações biomecânicas que fizemos.

Quem faz fofoca fala e age

SEMPRE
de dentro do
SISTEMA —
qualquer que seja.

Quem faz fofoca fala por muitos — que ele representa e o *sustentam*. Sustentam de pé, ajudam a se equilibrar.

Ninguém cai quando e enquanto está apoiado na maioria. (Dá para cair em um estádio de futebol supercheio, com gente lado a lado em todas as direções? Claro que não.)

Esse quadro que propusemos é a própria figura do ser direito e do estar direito na marra. Você *deve ser* um homem direito!

Todos o apoiam e *não o deixam* entortar.

11
A FOFOCA E O CIENTISTA

Cientista faz fofoca?

Se faz!

Nas universidades, nos cursos, nos livros, nos trabalhos (os famosos trabalhos científicos), nos congressos, nos laboratórios — em todo lugar.

Nem mais nem menos do que o comum dos mortais.

O povo pensa que

O CIENTISTA É DIFERENTE.

Não é.

Leitor, atenção! Leia o trecho seguinte *sem se preocupar a mínima com o assunto e os nomes difíceis*. Leia apenas o tom de voz. Dramatize!

"[...] este axônio neuromotor da medula envia ramos colaterais que fazem sinapse com neurônios especiais — células de RENSHAW — como eu as denominei, em homenagem a BIRDSEY RENSHAW, importante neurobiólogo americano que morreu de poliomielite ainda muito jovem. Ele descobriu essas células e registrou suas respostas especiais, mas não viveu o bastante para elaborar seu modo de operar. Foi graças à minha sorte e à de meus colegas que se pôde retomar a história mais tarde e dar seu nome a essa notável espécie de neurônio. Desafortunadamente, a própria existência desses neurônios foi negada. São neurônios de desempenho muito interessante e bonito; no entanto, negou-se a eles o *status* de neurônio, inventando um nome absurdo (!) — elementos de RENSHAW, tidos como nada mais que as colaterais dos axônios motores que — supunha-se — faziam sinapse diretamente com motoneurônios.

Essas ideias estavam baseadas em experimentos inconsistentes erroneamente interpretados.

Sinto-me feliz em dizer que toda essa oposição foi silenciada. Jankowska na Suécia e Voorhoeve na Holanda, e seus colaboradores, inseriram nessas células micropipetas com amarelo procion. Primeiro, estabeleceram com registros elétricos que a micropipeta estava de fato na célula de RENSHAW; depois, injetaram o corante amarelo, que se espalhou por todas as ramificações da célula mostrando em preparações histológicas o corpo, dendritos e axônio *exatamente como nós os havíamos desenhado ao longo de todas as nossas análises eletrofisiológicas* [prévias]".

Quem fez essa fofoca?

John C. Eccles, um dos pais e papas da neuroeletrofisiologia moderna.

Onde? *The understanding of the brain*, livro que reproduz a série de conferências da Patten Foundation, Universidade de Indiana, 1972 — sobremodo apreciada e respeitada. Edição: McGraw-Hill Company, página 85.

Foi traduzido por mim da forma mais literal possível — compatível com o português.

Dizem os créditos do autor — no livro: "Distinguished Professor of Physiology and Biophysics".

De onde?

Universidade de Nova York.

Logo, ninguém vai discutir o *status* e a competência desse homem que é um dos monstros sagrados de seu mundo.

Talvez algum leitor ingênuo esteja se perguntando — e me perguntando: mas onde está a fofoca desse texto?

Todo ele é uma fofoca.

Primeiro, a alusão — simpática mas sentimental — ao jovem Birdsey Renshaw: "importante neurobiólogo [...] que morreu de poliomielite [...] ainda muito jovem [...] não viveu o bastante para elaborar [...]"

TRATADO GERAL SOBRE A FOFOCA

"[...] como eu as denominei [...] graças à minha sorte e à de meus colegas [...] essa *notável* espécie de neurônio [...] de desempenho *tão interessante e bonito* [...] *Desafortunadamente, a própria existência* desses neurônios foi negada [veja-se o drama — tão cuidadosamente banido dos trabalhos científicos] [...] negou-se a eles o *status de neurônio* [!] inventando um NOME ABSURDO (!)" — e a frase termina com uma exclamação. Trabalhos científicos raramente têm exclamações. "Experimentos inconsistentes [*poor* — pobres, no original] [...] erroneamente interpretados [...] *Sinto-me feliz em dizer que toda essa oposição foi silenciada* (*quelled:* vencida, dominada, subjugada) [...] *exatamente como nós os havíamos desenhado* ao longo de todas as nossas análises eletrofisiológicas."

Eccles é um homem sóbrio, um cientista longa e duramente treinado no estilo científico, estilo que se refere ao modo *de fazer* experimentos e de *relatá-los.* Não lhe falta a capacidade de ficar admirado com o que vai descobrindo em seus neurônios, e em seus textos ele mostra bem seu gosto pelo que faz.

Mas quem veio lendo o livro desde o começo "acorda" de repente com a mudança de estilo, quando o magnífico professor declara — ao *mesmo tempo:*

1) uma de suas descobertas sensacionais — no arraial da mesma fisiologia;

2) uma descoberta na certa muito e asperamente contestada por outros autores;

3) uma boa descoberta cuja raiz estava no jovem Birdsey — de história tão dramática.

Além disso, as fórmulas verbais de sua declaração mostram:

— toda a classe de um norte-americano proeminente;
— de um professor ilustre;
— de um dos donos da verdade neurológica;
— de um velho e experiente agente da pesquisa científica.

Com tudo isso, ele dá o que antigamente se chamava de quinau nos oponentes. A discrição e a elegância científicas mandam que os oponentes não sejam denominados (não merecem ser conhecidos!)

E, para concluir, o autor chega ao fim da história salvando a mocinha — como o mocinho da fita.

Os outros — os oponentes — só podem ser bandidos. Lógico.

Neste livro vai só esse exemplo porque só ele pôde ser literal — na palavra do próprio autor.

Os demais, tão numerosos em ciência quanto nas artes e nos bares, são fáceis de perceber — quando se treinou o ouvido. Como toda fofoca que se preza, essa também só pode ser julgada — e só atua — em seu contexto.

Fora dele vira anedota,

COMO TODA FOFOCA.

As anedotas são fofocas estilizadas.

Em ciência, mais do que em outras áreas, a respeitabilidade alcança nível de seita protestante.

Como a maior parte dos cientistas é paga pelo sistema — depende dele para viver — e como fazer ciência é caro e traz prestígio, quase nenhum cientista brinca em serviço.

Se brincasse, poderia ser despedido, pois, como se sabe, as coisas oficiais são todas, por definição, "muito sérias".

Nenhum cientista "de respeito" estudaria a fofoca.

Nenhum fundo de pesquisa pagaria um projeto sobre a matéria — que não é coisa séria.

12
FOFOCA E SEXO

É a número um com certeza.

De todas as fofocas do mundo, mais da metade se resume em declarar quem dormiu com quem. Se possível, quando e onde.

Isso é o que aparece.

Mas a cama profana não teria interesse se não fosse a legítima. Se dois viúvos ou dois divorciados se encontram, a fofoca não tem grande atrativo. É mais notícia que fofoca.

Se moça solteira encontra homem casado, a coisa começa a esquentar.

A fofoca sexual é uma fofoca familiar, isto é, ela se destina a

PROTEGER

a família.

Ninguém fala que marido e mulher dormiram juntos — claro. Está de acordo com a Lei — mesmo quando não é legal... (O pensamento popular que diz que tudo que é costume é bom significa apenas que fazer diferente incomoda, dá trabalho — e provoca fofocas.)

Se somarmos as fofocas sobre sexo com as de família, alcançaremos metade da fofoca mundial — e três quartos da feminina.

Mesmo quando as mulheres falam de cosméticos, de empregadas ou de moda, estão falando de gente.

Mas é bom não se iludir com a simplicidade aparente das palavras.

Na área de sexo e família, são discutidos indiretamente mil problemas de rivalidade, superioridade, favoritismo, rejeição, proteção, perseguição, incompreensão.

A palavra diz "Mamãe fez isso comigo" ou "Papai não fez assim comigo — não fez como DEVIA".

Mas O TOM DE VOZ diz:

— Fiquei tão sentida!
— Fiquei com uma raiva!
— Que inveja!
— Sinto-me desamparada.
— Fui injustiçada.

Mil sentimentos pessoais entremostram-se nas fofocas sexofamiliares.

Talvez o tema comum a todas elas seja:

— E pra mim, nada?
Ou — na forma original, chorona e ressentida:
— Só pra ela, né?

O EXCLUSIVISMO AMOROSO E A PROPRIEDADE PARTICULAR — será que são duas coisas mesmo? — estão no começo, no meio e no fim de tudo que dizemos quando fofocamos a respeito (ou desrespeito) de quem dormiu com quem e quem foi o enganado. Já os homens fazem fofoca com razoável regularidade: 40% mulher, 40% futebol e 20% emprego — dinheiro. Mas aqui também, sob o futebol e com as fanfarronadas sobre mulheres, podem ser ouvidas mil variações que tocam ao prestígio, à superioridade, à esperteza em explorar o próximo, à astúcia em não se deixar enganar e a outros nobres motivos de que é rica a delicada consciência dos cidadãos normais, ocidentais, civilizados e cristãos.

Como se vê, a curva estatística tem seu ponto mais alto no

SEXO —

se somarmos homens e mulheres.

Com as fofocas sexuais — quem dormiu com quem — acontece o que aconteceu com a exibição de mulheres em revistas. Começaram com os maiôs da vovó, que chegavam até pulsos, pescoço, tornozelos, e estão acabando com as meninas da *Playboy* — nuas e de frente, com penugem e tudo.

E mais: elas passaram a ocupar uma área cada vez maior das revistas, *cada vez mais* ganham páginas coloridas e estão caminhando decididamente para as capas. As revistas para homens trazem — já é praxe — a nudez de mulheres notórias. As anedotas ilustradas, enfim, estão se fazendo de todo indiscretas, mostrando gente e marcianos em plena atividade sexual.

"Retorno do reprimido", diria o velho Freud —, que a seu modo estava certo.

Os desejos reprimidos pelo puritanismo foram pouco a pouco aparecendo nos jornais e revistas burgueses, que respondiam assim *ao apelo secreto* de seus leitores.

Jornal e revista são, portanto,

FOFOCA OBJETIVADA.

Objetivada quer dizer *feita objeto*. O objeto é o jornal e a revista propriamente ditos. Não confundir com objetividade jornalística — que eu não sei o que quer dizer.

Dentro de uma História Universal da Fofoca, o aparecimento do jornal propriamente dito foi um marco fundamental.

A fofoca de alguns — OS JORNALISTAS — nem mais nem menos
se fazia

FOFOCA DE TODOS

— por força e graça dos meios de reprodução gráfica.

Ao se fazerem públicas, ao serem multiplicadas pelas máquinas e
ao serem lidas — iguaizinhas — por muita gente, elas começaram a
deixar de ser

FOFOCA

e começaram a se fazer

OPINIÃO PÚBLICA,

cuja origem, portanto, não é das mais respeitáveis.

Jornais e revistas trazem PRINCIPALMENTE retratos do que todos
desejam — ou temem — e ninguém declara.

A máquina de reproduzir textos começou o processo de desperso-
nalização da fofoca — que sempre foi assunto de boca para ouvido.

Às revistas coube a tarefa de fotografar e colorir as fofocas públicas.

O terreno estava pronto para o cinema — que apresentaria e repre-
sentaria os

SONHOS
da humanidade.

Ora, os sonhos são

O CONTRÁRIO
da fofoca.

TRATADO GERAL SOBRE A FOFOCA

Os sonhos do cinema são tudo que publicamente todos desejam ter e ser. Os filmes propõem as aspirações ACEITAS, os modelos ideais de sucesso na vida, quaisquer que eles sejam. A TV seguiu a pista e inventou a NOVELA, que só a TV podia ter assim, inteira, audiovisual.

Ao mesmo tempo, com a TV se ampliava MUITO o público das notícias e das novelas.

Aumentava-se o número de pessoas que assistiam AO MESMO PROGRAMA — e assim a fofoca ia crescendo e se fazendo pública

CADA VEZ MAIS.

Quando muitos souberem sobre quase tudo que acontece no mundo

— muitos e muitos JÁ SABEM —,

acho que o mundo ficará diferente.

Porque todos os mundos que conhecemos — na História e na Geografia — eram mundos
SEM COMUNICAÇÃO
GLOBAL E INSTANTÂNEA.

Essa forma de

PENSAMENTO COLETIVO

pode — deve — ter uma força enorme.

Penso no LASER, que é luz em vibrações concordantes, ao contrário das vibrações esparsas da luz comum.

A fofoca — que servia para manter o mundo imóvel —, ao se publicar mundialmente, poderá tornar-se o maior instrumento de CONTROLE e/ou MODELAGEM de comportamento de todos os tempos. Poderá.

Claro que ela pode ser

MAL USADA.

(O que significa isso?)

Mas claro também que ela

JÁ ESTÁ ATUANDO

— faz certo tempo.

Cada dia aumenta mais o número de pessoas que pensam

A MESMA COISA
AO MESMO TEMPO
— quando muitos assistem ao mesmo programa de TV.

Logo veremos a força do pensamento coletivo.

O que

TODOS QUEREM
acaba acontecendo.

Como a mulher que hoje está nua — de frente — na capa das revistas.

Há muitos séculos os homens queriam ver as

MULHERES NUAS

— muitas mulheres.

Agora estão vendo.

Baseados no mesmo desejo-máquinas, podemos começar a crer que VAI ACONTECER TUDO QUE

MUITOS[3] QUEREM.

Amém.

Acho até que

JÁ ESTÁ ACONTECENDO.

O QUE SERÁ QUE SERÁ?
(CHICO BUARQUE)

---

3. Não confundir "MUITOS" com os intelectuais nem com os líderes ou os estudantes, nem com os executivos e os políticos.

13

EM DEFESA DA AUTORIDADE

O mal da fofoca é que ela protege sempre os poderosos — mesmo quando se permite ao povo que fale mal deles.

Porque ela exclui o *feedback* — a resposta imediata do outro ao nosso comportamento.

Não temos o bom costume de dizer uns aos outros aquilo que nos desagrada neles.

— É falta de educação.

— Não se deve.

— Grosseria.

— Falta de tato. De respeito.

Então sorrimos e dizemos: "Tudo bem, você é ótimo".

Mas ficou com a gente a má impressão devida ao olhar desconfiado, ao jeitão de superioridade, ao sorriso de desprezo.

Nem chegamos a perceber bem que ficou. Mas ficou.

Logo depois nos pilhamos dizendo: "Fulano? Boa-praça, mas muito pretensioso".

Contou histórias impossíveis, na certa pensou que eu era um bobo. Mas o papai aqui, sabe como é...

Mas a ele não dissemos nada.

Até elogiamos de leve e fizemos cara boa.

Não se sabe quanto tempo depois, nem por meio de quem, a crítica — já bem piorada — encontra a vítima, que começa a chutar a própria sombra — de impotência.

Como a fofoca não tem origem conhecida, nem em pessoa nem mesmo em fato bem determinado; como ela é feita por muitos e por cada um a seu modo,

NÃO HÁ DEFESA CONTRA A FOFOCA.

Ela alcança a vítima — quando alcança — bem ao modo da clássica punhalada pelas costas.

Muito tempo depois.

Sofrimento Inútil

A fofoca não serve para consertar nada — porque nunca alcança a pessoa certa na hora certa.

Por que um bom amigo é bom? Porque ele nos diz na hora aquilo de que não gosta na gente. A gente pode resistir, argumentar, provar ou negar, mas

a gente sabe como ele se sente — NA HORA

e isso é bom.

É seguro: sei o terreno em que estou pisando, estou bem orientado. Depois, se for o caso, posso ver se faço de outro jeito.

Mas quando é "não-sei-quem-que-diz-não-sei-o-que-sobre-alguma-coisa-que-eu-fiz-não-sei-quando",

COMO É QUE EU FAÇO?

Por que isso favorece a autoridade?

PORQUE A FOFOCA AUMENTA A DESCONFIANÇA DE TODOS EM RELAÇÃO A TODOS.

Assim ninguém se junta em ação comum, e assim o poder estabelecido permanece — mesmo quando péssimo.

A fofoca é um poderoso fator antirrevolucionário.

Mas o mal — convenhamos — não é só da fofoca.
A fofoca é um sintoma.

O mal é a metade. Por que nenhum cidadão que se preza tem a metade má?
Todos se comportam como se todos só tivessem aquilo que as regras permitem que se tenha.
Por que não é de boa norma dizer aos outros o que pensamos deles?

Se nem eu nem minha família temos nada de errado, então

O MAL TEM DE ESTAR SEMPRE NO OUTRO.

— Depois disso, como é que eu posso confiar nele?

Ninguém tem inveja nem despeito, rancor nem ressentimento, mágoa nem desespero.
Tudo vai muito bem, obrigado.
TUDO BEM!!!
(Senão ele tira partido da minha miséria!)
Ninguém se declara por baixo. Dizemos sempre que ainda vamos mostrar quanto valemos. Somos todos ótimos — e o mundo, que é UMA MERDA FEITA DE GENTE BOA, se faz incompreensível para todo o sempre.

Mas ainda não chegamos ao fundo do poço — que é
mais cruel que isso.

NÃO DIGO NADA AO OUTRO PORQUE
TENHO MEDO DE MIM E DELE.

Tenho medo do que penso dele — que é sempre ruim, como mostro logo depois — ao fazer fofoca sobre ele.

Imaginando que ele é tão ruim, cuido-me bem para que ele não me prejudique.

Então, sorrio, faço um gesto diplomático e digo: "Tudo bem — tchau". Mas por dentro...

POR DENTRO SOMOS TODOS IGUAIS À FOFOCA QUE FAZEMOS.
NEM MAIS
NEM MENOS.

A fofoca — dizemos — é nossa opinião REAL sobre as pessoas.

Não é uma tragicomédia?

Temo
muito,
muito MESMO,

que o *melhor* (!) cimento que mantém a estrutura social
e cada qual na sua posição é este: o ÓDIO/MEDO de um
por todos e de todos por um.

A fofoca é minha prova

ESMAGADORA.

14
O UNIFORME

Não se pode negar que viver uniformizado simplifica tudo.
Os de verde para cá e os de vermelho para lá.
Os azuis ganham R$ 1.500 por mês e os roxos, R$ 780. Os brancos são bons e os negros não prestam.
Os amarelos dirigem ônibus e os lilases pilotam aviões. Os azuis governam e os verdes obedecem.

Manejar classes ou grupos sociais uniformes parece bem mais fácil do que organizar multidões de indivíduos diferentes. É por isso que os exércitos usam uniformes, e é por isso que os generais usam miniaturas sobre mapas.

Classificar tem sido há milênios o primeiro passo para conhecer — dizem os textos de lógica e de semântica.

O fato é que CLASSIFICAR — brancos e pretos — é o primeiro modo que os homens acharam para

SIMPLIFICAR RESPOSTAS

e

AFASTAR INCERTEZAS.

Os bandidos a gente persegue, prende, tortura e mata.
Os mocinhos a gente procura, segue, admira e apoia.
As ingênuas a gente protege e ama (mas não ensina).
Das pérfidas a gente desconfia e se cuida.
Dos bons a gente se aproxima e dos maus, se afasta.
Não é tudo muito claro, lógico, sensato, racional e evidente?

Não é uma ordem cósmica quase igual à ordem de um armário de roupa bem arrumado?

IMPORTANTE É SABER SEMPRE O QUE FAZER.

Se cada classe — a dos homens de bem, por exemplo — tivesse uniforme, a vida seria fácil e toda decisão poderia ser tomada instantaneamente.

Mas sempre existem perguntas aborrecidas.

Como é que eu *reconheço* o homem de bem? Quando sei que estou diante de um?

Dois terços da humanidade DIZEM que isso é fácil. (Mas, na hora de assinar um contrato de locação, pensam um mês — *sofrem* um mês.) Se falou bonito, se sorriu simpático ou se fez boa ação, então é homem de bem e desse momento em diante será homem de bem para sempre (para mim).

Ai dele se fizer uma careta, se me voltar as costas ou não pagar o que me deve. Passará a ser bandido e, desse momento em diante, será bandido para sempre...

Pensa que eu sou bobo?

Ninguém me engana duas vezes, não.

E o que inventarei do homem de bem que virou bandido...

Quanto maior o número de dados sobre uma pessoa, mais confuso me sinto para chegar a um julgamento final. Quanto mais espero para julgar uma pessoa, mais coisas vejo e descubro nela — e cada vez sei menos o que pensar a seu respeito.

PORTANTO, vamos estabelecer classes bem claras e uniformes — depressa —, pelo amor de Deus! Assim a gente não corre o risco de fazer injustiça!

A fofoca é o dispositivo social que mantém — ou tende a manter — cada um no seu lugar.

Trata-se da mais lídima expressão da burrice social.

Burrice social quer dizer uma sociedade que funciona desse jeito que vimos, por classes. Sociedade simplória, precária, injusta e fácil: cada qual é o que é e fica no seu lugar para sempre. Cada macaco em seu galho.

É deveras estranho que esse modo de funcionamento social esteja em *correspondência com* e, provavelmente, tenha dado *origem* à inteligência conceitual, que é essencialmente classificadora — diz Foucault.

Conceitos classificam grupos por fatos ou coisas semelhantes entre si sob algum aspecto.

Os conceitos, que são classes lógicas, foram abstraídos da EXPERIÊNCIA DE PERTENCER a uma classe social, que é um CONCEITO CONCRETO, existente e atuante. Assim se pode pensar dentro do estruturalismo — e dentro da dialética também.

Assim o sociólogo não fica confuso.

Uma classe social é constituída por um número ilimitado de indivíduos *iguais entre si* sob algum ou alguns aspectos.

Uma sociedade de classes não é nem mais nem menos inteligente do que uma inteligência conceitual, que é ótima para classificar e péssima para compreender — explicar, aceitar pessoas *inteiras*, com *todas* as suas características.

Quando peco contra minha classe social, de algum modo saio dela. Isto é, ao fazer diferente do que se espera, nego minha uniformidade, nego ser igual a todos os outros. *Saio* do conceito... Viro um... desclassificado.

Nesse momento, não sinto somente que saí da minha classe. Sinto também que tenho toda a minha classe contra mim.

Ao me fazer diferente, opus-me à lei e a lei me persegue. A lei do preconceito, do costume, do estabelecido.

Quando meu feito retorna depois por boca de um conhecido que "ouviu dizer", ouço a fofoca feita contra mim com certo senso de fatalidade.

Tinha de ser.

OU SOMOS TODOS POR UM E UM POR TODOS,

OU

SOMOS TODOS CONTRA CADA UM E CADA UM CONTRA TODOS.

Até hoje preferimos ser todos contra todos.

Mas é bom pensar simploriamente.
Para construir um mundo melhor, precisamos desde já começar a
pensar em como arrumar de maneira funcional e funcionante

4 BILHÕES (DE SERES HUMANOS),

tendo, cada um deles, um número muito alto de características
diferentes, físicas, afetivas, intelectuais, estéticas, morais, econômicas,
religiosas, culturais, naturais, instintivas, gostos, desejos, inclinações,
aptidões, temores...

15

A FOFOCA COLETIVA

A fofoca coletiva começou a existir com os jornais, que publicavam notícias sobre fatos, ideias e andanças de pessoas influentes e notáveis. Com isso, a fofoca mudou de nível e de amplitude. Hoje, qualquer fato se faz logo conhecido no mundo todo, vira tema da conversa cósmica.

Antigamente — até o século XIX —, toda notícia chegava muito tempo depois do fato acontecido.

Quer dizer: ninguém mais podia fazer nada a seu respeito.

Hoje muitas vezes acontece um fato e *durante* ele podemos vê-lo acontecendo.

Já é um passo grande.

Falta o *feedback* — um botãozinho na poltrona de onde se assiste à TV para a gente votar a favor ou contra na hora.

Um dia — quem sabe — o botão na poltrona poderá acionar engenhos variados, permitindo ao telespectador atuar sobre os fatos a distância — *porém, no presente!*

Então — e só então — estará cumprida a profecia de McLuhan: o sistema nervoso terá se objetivado por inteiro com a percepção estímulo-resposta.

Por enquanto, na aldeia global, os protagonistas ainda são os poderosos

> — o povo sofre junto — com o fato
> — o povo faz fofoca — depois do fato
> — só.

Os grandes personagens do cinema e da TV, do esporte e da política, da ciência e do crime fazem-se verdadeiramente arquétipos. São seguidos de forma tenaz por uma chusma de repórteres, e cada uma de suas ações é fotografada, publicada e comentada por todo mundo. Cada um desses personagens faz-se propriedade de um número incalculável de pessoas que, ao tomar posição contra ou a favor, ao falar, admirar, execrar, invejar, mas, sobretudo, ao *imitar* cada um desses personagens, ao mesmo tempo que se integra a eles, integra-os a si. É exatamente assim que, segundo Jung, nós integramos um arquétipo. Isso quer dizer que todo personagem de jornal ou TV se dá a todo seu público, é "comido" pela multidão, como Cristo na Comunhão.

Desse modo, muitos assumem ou adquirem características do Pequeno Deus.

A fofoca coletiva faz fermentar a massa. Ao mesmo tempo, ela massifica e individualiza. Massifica ao propor uns poucos modelos a todos. Individualiza porque na fofoca propriamente dita — na conversa de um para um — cada pessoa assimila, do minideus, apenas o que lhe convém.

Importa sublinhar: mesmo no caso da fofoca coletiva, os comentários são feitos de um homem comum para outro homem comum, de uma mulher qualquer para outra mulher qualquer.

Sem esse cunho pessoal e íntimo, a fofoca não teria graça e não operaria socialmente do modo como opera.

Enfim, em matéria de fofoca coletiva, é preciso assinalar mais dois pontos: primeiro, aos poucos, ela vem substituindo a individual. A novela familiar de cada um está sendo absorvida pela novela de TV como assunto de conversa. Segundo, de novo os números astronômicos. De tudo que se transmite pelos meios de comunicação de massa, dois terços servem à fofoca coletiva (jornais e novelas). Agora os números não são só de gente. São de dinheiro também. Gigantescos.

Fofoca e futebol

No Brasil, o tema de fofoca "quem está por cima, quem está por baixo" manifesta-se coletivamente de forma particular no futebol. Os torcedores tripudiam sobre os amigos, cujo time perdeu, e são vilmente "gozados" na rodada seguinte, quando os azares do jogo se invertem. Por meio da linguagem da vitória ou derrota futebolística, as pessoas se sentem capazes de manifestar seu gosto em pisar, desprezar ou diminuir os jogadores e a torcida do time contrário.

Entre os torcedores dos vários times, forma-se uma verdadeira subsociedade, com classes quase tão rígidas quanto as castas da Índia. Existe aí, inclusive, uma espécie de transmissão hereditária das glórias e desventuras dos heróis legendários.

Há famílias — sabemos — que se reúnem em torno da TV não para assistir ao jogo de futebol, mas para desabafar maus sentimentos uns contra os outros *por meio* e a *pretexto* dos lances da partida.

É muito claro nessa... área que os seres humanos — ou desumanos? — são tão pouco responsáveis pelo seu amor quanto pelo seu ódio.

> Eles preferem odiar ao outro categoricamente a odiar ao outro individualmente. Isto é: se sou *palmeirense* — não importa "o resto" de mim —, tenho o direito — na certa, a obrigação — de desprezar *qualquer* corintiano, seja ele quem for.

Quem esteve numa arquibancada de futebol, mais presente aos torcedores do que ao jogo, já pôde respirar e pegar com as mãos essa atmosfera.

É uma guerra.

Sentimentos violentos ligados à cor do uniforme:

verde — amigo, pai, irmão, amante, heroísmo

preto — inimigo, padrasto, pecado, falsidade, palhaçada.

Morte ao inimigo.

Quebra-pau no clássico.

Viva a humanidade!

(Enquanto durar.)

16

A FOFOCA E A TAÇA JULES RIMET

A Copa Jules Rimet é uma boa ocasião para estudar o que significa cisão de personalidade, projeção, estar dividido e... fofoca. Paixões exaltadas de luta e vitória, sentidas em amplitude mundial — o globo terrestre inteiro —, mostram ao vivo a importância do controle emocional.

O problema é este: como experimentar emoções intensas sem o temor ou o perigo de explodir?

Explodir quer dizer várias coisas, uma pior que a outra. É primeiro uma explosão cardíaca. Muita gente morreu de ataque cardíaco na última copa — como em outras.

Quer dizer, depois, briga violenta com alguém que torce pelo time contrário, ou até com alguém que tenta apenas ser sensato.

Quer dizer também desespero, quando o adversário faz o primeiro gol contra o Brasil.

Quer dizer sensação de impotência diante de um fato que nos atinge em cheio.

Quer dizer, enfim, medo de "perder a cabeça", medo de uma desestruturação aguda da personalidade, medo de desorientar-se e perder a noção de si.

Vamos ver em que circunstâncias esses perigos se fazem reais e atuantes.

Certa vez assisti a um filme que contava uma história da Segunda Guerra Mundial: um destróier inglês caçava um submarino alemão e era caçado por ele.

O diretor, ao mesmo tempo hábil e humano, *não deixava de modo nenhum o espectador tomar partido.*

A câmera passeava continuamente do destróier ao submarino e de volta ao destróier. Os tripulantes das duas embarcações eram mostrados à luz do mesmo realismo sóbrio e sensato. Tanto os ingleses quanto os alemães eram mostrados como indivíduos que lamentavam a guerra em geral e a caçada em que estavam empenhados em particular. Nos dois barcos havia gente simpática e antipática, comandantes razoáveis e algum oficial fanático. Como o diretor equilibrava muito bem as cenas, não era *dado* ao espectador *identificar-se* com um dos grupos e *condenar* o outro.

Em suma, o filme não tinha mocinho nem bandido, não tinha herói nem vilão, não tinha santos nem pecadores.

À medida que as cenas se sucediam e a caçada apertava, comecei a me sentir muito mal. Poucos minutos antes de o filme terminar, eu sentia uma ansiedade tão intensa e persistente que precisei sair do cinema.

A explicação é clara: se eu achasse os ingleses ótimos e os alemães uns loucos, eu me aliaria aos ingleses e "atacaria" os alemães. Ao mesmo tempo, eu me animaria a xingá-los de todos os nomes, e me pareceria de toda justiça que o destróier fizesse explodir o submarino e depois metralhasse todos os tripulantes. Dividido em dois, uma parte de mim poderia brigar contra a outra e eu estaria fazendo alguma coisa. Mas, como os dois partidos eram apresentados com realismo e imparcialidade, eu não podia achar um bode expiatório, e então a pressão foi crescendo dentro de mim até se fazer intolerável: medo de explosão emocional.

E se a esposa traída descobrir que a outra, "aquela vagabunda sem-vergonha", é uma pessoa amável, séria e cheia de bons sentimentos também? Não é o mesmo caso?

Que tal se eu dissesse próximo de alguma televisão que os holandeses eram uns rapazes muito simpáticos, que estavam sendo injusta e impiedosamente massacrados por aqueles monstros crioulos subdesenvolvidos da Seleção Brasileira? Não é quase certo que eu arrumaria uma encrenca tamanho família? É isso.

O PRINCIPAL É TOMAR PARTIDO.

Assim as forças íntimas se organizam contra o inimigo e eu fico relativamente em paz. Continuo a sentir grande pressão dentro de mim, mas julgo saber muito bem o que fazer com ela, contra quem dirigi-la e como organizá-la.

O inimigo é o holandês (não foram esses bandidos que invadiram o Brasil em outros tempos?). O jeito é no mínimo xingá-los em altos brados.

Depois é o juiz alemão — aquele.

O treinador dos holandeses vai na onda. Quem lhe mandou fazer um time que funciona como máquina — sem a criatividade sul-americana?

Claro que o Zagalo não sabe o que está fazendo e que no lugar dele eu ganhava a Copa.

E o Pelé? Por que todas aquelas frescuras com a Pepsi-Cola? Por que ele não vestiu a camisa amarela e não saiu por aí?

Depois, o clima da Alemanha está longe de ser o ideal para a prática do nobre esporte.

E por aí afora. Tudo claro e explicado. Tudo fácil de consertar-se...

Mas e se em vez de as coisas se separarem elas se juntassem?

Se aos jogadores menos bons que temos dessa vez somarem-se o técnico teimoso, mais os holandeses brilhantes, mais seu treinador capaz, mais o juiz alemão, mais o clima da Alemanha, mais sabe Deus o quê?

Nesse caso a derrota iria se desenhando como fatal, e todos os espectadores brasileiros se sentiriam muito mal, lenta e firmemente esmagados por um rolo compressor.

A derrota não foi devida a nenhum fator isolado, mas a todos eles — claro. Acontece que brigar contra todos os fatores é impossível e por isso quase todos escolhem um e se empenham na sua destruição. Que pode fazer o mocinho sozinho quando perseguido pelos 20 bandidos da quadrilha? Só se ele usar granada — isto é, explosão.

Encontrada a "minha opinião", isto é, o meu bode expiatório, continuo a me sentir mal, mas "conheço" o inimigo e, em princípio, sei o que fazer com ele.

A EMOÇÃO É A CONSEQUÊNCIA DE UM MOVIMENTO IMPEDIDO.

Se as coisas não acontecem como eu esperava, fico paralisado e a emoção começa a crescer. Além de um ponto crítico, ela ameaça desorganizar todo o comportamento.

Então, *selecionamos um inimigo* e contra ele nos organizamos. Nós estamos salvos, mas o INIMIGO está perdido.

Ao negar algumas das muitas forças que intervêm na produção de um fato que me importa, tenho de dividir-me eu também — junto.

Eu sou o bom jogador subdesenvolvido que, apesar de esquecido pela sorte, ainda assim mostra sua coragem e habilidade, iniciativa, e vai dar aula de futebol aos europeus.

Eu sou isto e só isto: o Bom.

Ruim é o holandês que usa todo o seu bem-estar econômico para pagar regiamente a jogadores e técnicos — assim até eu ganhava o campeonato. Ruim é o juiz alemão que tumultuou o jogo e o tornou violento. Se fosse eu, as coisas seriam bem diferentes. (Neste momento, nego minha falibilidade.)

Ruim foi o Rivelino, que não acertava. Se fosse eu, eles iam ver. Não erro nunca. Depois, vendo todo o quadro na TV, sei muito bem o que devia ser feito (mas quem estava no meio do jogo não via como eu).

Assim, à medida que vou negando minhas deficiências, passo a atribuí-las ao outro. Eu me divido no que tenho de bom — e no que eu aceito; e naquilo que tenho de mau, de precário, de fraco — e isso eu não aceito. Passo logo a ver todos os meus podres no bode expiatório — e persigo-o com uma coragem e um senso de justiça deveras modelar.

Assim eu me equilibro — e é bom.
Mas assim eu passo a perseguir o
outro implacavelmente — o que é péssimo.

As "boas" soluções psicológicas são como nosso "bom" sistema econômico. O que faz bem ao indivíduo e à sua família faz mal à coletividade.

E vice-versa.

Quantas coincidências! Deve ser destino. Ou vontade de Deus.

17
FOFOCA E TÉDIO

A fofoca é a expressão do tédio ansioso dos que fazem sempre a mesma coisa e estão morrendo aos poucos nessa mesmice pantanosa.

Quanto mais igual e mais repetitivo o comportamento, mais automática a resposta, dispensando toda apreciação ou presença consciente.

Mais da metade de todo o drama humano foi apontada — e mal-falada — pela psicanálise.

É MUITO DIFÍCIL PERCEBER NOSSOS HÁBITOS —
"TOMAR CONSCIÊNCIA" DELES.

Eles são muito a gente mesmo — no contexto próprio. São o principal de mim, na minha realidade.

"Sou eu, ué!" — o eu é pouco mais do que uma soma de hábitos. Se nosso tempo vai sendo mais e mais preenchido por rotinas, vamos mergulhando na inconsciência — no nada, no tédio: INEVITAVELMENTE.

Para hipnotizar pessoas — para gerar sonâmbulos que obedecem sem pensar —, basta colocá-las diante de uma repetição monótona de estímulo. Não precisa nem falar. É só ficar no escuro olhando uma luzinha que acende e apaga a cada cinco segundos — E MAIS NADA — para que a gente entre em transe em dois a três MINUTOS.

É evidente que tanto a natureza quanto a sociedade e os indivíduos precisam, ao mesmo tempo, de horas tranquilas e horas de movimento, repetições e inovações, segurança e incerteza, estabilidade e revolução.

Dialética: tese e antítese — *yin* e *yang*.

Mas a educação em nosso mundo trabalha demais a favor da segurança e contra a incerteza.

Enquanto a legislação social — a proteção ao indivíduo — melhora dia a dia, dia a dia se fazem mais iminentes as catástrofes coletivas, a fome, a poluição, a miséria, a morte atômica — a gigantesca infelicidade humana subjacente à chamada medicina psicossomática.

Os poderosos tratam cada vez melhor os escravos, para que a cada dia eles se empenhem mais no trabalho e no consumo — e se matem na guerra, quando a guerra se propuser.

Não é estranho?

Quem faz fofoca está *recebendo vida* do fofocado, que saiu das rotinas — de uma delas pelo menos.

Ele correu risco e — supõe-se — gozou do prazer e do privilégio de não *fazer* como todo mundo faz — e como sempre se fez.

A seu modo, foi inovador, revolucionário, não conformista, mau exemplo, pioneiro, degenerado, iluminado, ovelha negra.

Fez que percebessem sua presença pelo que fez ou disse, *obrigou os* mortos-vivos a acordar por uns instantes — para que o vissem ou soubessem dele.

O fofocador, ao mesmo tempo, vive do fofocado e tenta matá-lo — tenta matar em si tudo que nele ainda quer viver, tudo que é fora do esperado, do convencional e do habitual.

> *Somente* a quebra de rotina — e *qualquer* quebra de rotina — "chama a atenção", nos faz presentes, é percebida — faz a gente se sentir vivo.
>
> A consequência da quebra de rotina é o famoso INSIGHT. Consequência — E NÃO causa.
>
> Só compreendo o que *deixo* de fazer.
>
> Ou: jamais posso compreender o que ESTOU SENDO.

Logo depois é a fofoca.

O ato que provocou a fofoca é uma microrrevolução.

TRATADO GERAL SOBRE A FOFOCA

A fofoca é uma microrrepressão. Por vezes tão ou mais cruel que a policial.

Quem faz a fofoca é a voz da estrutura. O objeto da fofoca é o processo que modifica a estrutura.

Se todos fizessem o que fez a pessoa criticada, a estrutura social seria outra. O sistema estaria mudado.

Se você quer ser AGENTE PÚBLICO da maior revolução
que já houve no mundo, comece — e continue —

A FAZER FOFOCA NA CARA
DA VÍTIMA.

18
O ILUMINADO E A FOFOCA

Em seus livros, Alan Watts vem fazendo uma revisão muito oportuna e necessária da herança cultural do Oriente.

Com sobriedade, clareza e espírito crítico modelar, ele mostra que o iluminado oriental é apenas um indivíduo que vê o que está aí e vê — dizia Teilhard de Chardin — tudo que há para ver.

Qual é a diferença entre o iluminado e o comum dos mortais? Nós — os mortais — vemos como nos ensinaram a ver, vemos como nos dizem que as coisas são, vemos como nossas palavras nos fazem ver.

Já que prostituta é uma palavra, um conceito e uma função social abomináveis, só podemos olhar para ela com desprezo e horror — ou compaixão. Jamais admitiremos que ela possa se sentir bem fazendo o que faz. Jamais descobriremos que a prostituta é uma pessoa, isto é, que tem muitos outros aspectos além da sua profissão.

Nós a olhamos com tanto desprezo que a obrigamos a se mostrar horrível.

Se um belo dia a prostituta viesse a nos olhar com muita ternura, ficaríamos perturbadíssimos com isso, e mais ainda com o que despertaria em nós.

O iluminado, quando vê a prostituta, sabe que, tirando sua atividade, ela é como qualquer outra pessoa. Pode ser alegre ou triste, inteligente ou burra, sensível ou tosca, ignorante ou bem informada.

O sábio vê tudo que há para ver e não apenas o que é
certo ver.

Em sentido oposto, teríamos o Papa e a dificuldade de qualquer cristão de imaginá-lo hesitante, sem saber o que fazer, ou ambicioso e disposto a acumular riquezas, ou vaidoso e querendo parecer bem, ou sensual e sonhando com uma mulher. No entanto, é claro que o Papa *pode* ser isso tudo e muito mais.

Mas quem vai vê-lo assim?

O exemplo mais flagrante nessa área é o da família. Quantas vezes o pai é violento e arbitrário, não trabalha, bate na mãe e bebe? Mas, sabe, pai é pai.

"Pai é pai" significa: não posso criticá-lo nem ofendê-lo, não posso agredi-lo nem condená-lo. Isto *é, não posso vê-lo como ele é* e *tenho de* aceitá-lo como todos me dizem: pai é pai.

AGUENTAR É A LEI DA FAMÍLIA

No caso das mães, a questão chega à estratosfera. Engolidas por estas duas instituições gigantescas que se chocam — Mãe e Filho —, as pessoas jamais conseguem ver com clareza como são e como se comportam uma em relação à outra, as duas individualidades que estão nos papéis. D. Maria e o Zeca — é *preciso* lembrar. Freud ignorou a influência das palavras sobre as pessoas. Estranho, se considerarmos que o *único* instrumento da psicanálise é a fala.

O superego forma-se quando a criança aprende a falar *consigo mesma*, por volta dos 5 anos.

Junto com a língua, ela interioriza todo um modo de ver e de reagir ao mundo que é convencional e coletivo.

Quando a criança aprende a falar, podemos dizer que, ao mesmo tempo, ela está admitindo e cultivando *todos os outros dentro de si.* Daí em diante, sua vida será modelada *pelo que os outros dizem* ser certo ou errado, pelas fórmulas tradicionais dos preconceitos, pelo "você deve porque um filho deve, porque um aluno deve, porque um namorado deve, porque um profissional deve"...

As obrigações engolem a percepção

Ao entrar em uma situação, não vejo o que está acontecendo. Vejo somente se o que está acontecendo está ou não de acordo com o que devia estar acontecendo. O resto é "errado", isto é, não *devia* ter acontecido, não *devia* estar aí. Não existe legitimidade. Será necessário, logo que possível, *desfazer* (ou destruir) isso que foi malfeito. Desse modo, vamos todos nos fazendo juízes e logo policiais e carrascos, perseguindo todos aqueles que fazem o que não deviam, que estão errados e, portanto, são maus. Ninguém tem o único pensamento sensato: se não aconteceu o que se esperava, vamos experimentar de outro jeito.

Toda a história da humanidade pode ser contada em termos de perseguidores (que estavam "certos") e perseguidos (que eram "errados").

É disso tudo que se livra o iluminado quando começa a acreditar nos seus olhos e consegue desacreditar dos pensamentos que estão em sua cabeça mas não são seus.

E o que tem a fofoca que ver com o iluminado?

Tem que é um belo exemplo da situação descrita e já foi experimentado por todos.

Aquilo que nós fizemos não tem nada que ver com o que dizem — depois.

Exemplo: a fofoca mais frequente do mundo é a de quem dormiu com quem. A pessoa que viveu o fato sabe como ele foi. Sabe que o principal foi o encontro, o contato, o convite, o estar junto, o prazer.

Quase nada dessas coisas pode ser posto em palavras a menos que se seja poeta.

Quando vem a fofoca, ela diz tudo que o encontro não foi. Colocado no contexto da maioria, que usa a mesma linguagem e adota os mesmos preconceitos, o fato amoroso ou erótico passa imediatamente a ser uma soma de julgamentos e não um fato.

Aquilo que pode ser posto em palavras — no fato erótico — na certa não é o mais importante. Além disso, posto em palavras, o fato não é um fato, mas todo um processo jurídico complicado, tortuoso e malevolente. Adultério, traição, infidelidade...

Dito em palavras, o fato tem um lugar pré-fabricado e já de todo caracterizado como péssimo, vergonhoso, degradante, safado, sacana e canalha.

A diferença entre o iluminado e o João da Silva é que o iluminado experimenta o fato e o João da Silva experimenta o julgamento. O sábio vê a coisa, o João sofre de convenções.

19
FAMÍLIA E FOFOCA

F. é F. — isto é, Família É Fofoca e pouco mais. Digo, em matéria de conversa. Falo das conversas em família e das conversas sobre parentes — mesmo que com terceiros.

Há na família uma grita cósmica a respeito de tudo QUE NÃO É como

DEVIA SER.

Não há no universo conhecido microtribunal e microtortura mais frequente.

É muito estranho que em família

J A M A I S
se diga
Eu GOSTO E Eu NÃO GOSTO,
Eu QUERO E Eu NÃO QUERO.

O... certo — o que se DEVE dizer, sempre — é

Você DEVE ou Você NÃO DEVE
porque
EU SOU MÃE
pai
irmão
filho...

É inacreditável o que se ouve de doutrinação em família, a favor de obrigações impessoais e impossíveis.

Pior do que isso é o que NÃO SE FAZ em termos de inclinação pessoal ou de realismo elementar. Dito de outro modo, é inacreditável o que se sofre em família POR OMISSÃO.

Só se fala e só se elogia o que a família FAZ e DÁ — que é bastante.

O que ela NÃO DEIXA FAZER... é lógico! Claro que pais e mães devem ensinar aos filhos tudo que eles NÃO DEVEM fazer...

A consequência estatística esmagadora é que, mesmo em famílias razoavelmente felizes, as pessoas ainda se mostram muito sofridas. Não pelo que fazem uns pelos outros, que pode até ser bom. Mas por tudo que o "amor" pela família os

IMPEDE — OU PROÍBE — DE FAZER.

Tudo que eu NÃO faço porque senão mamãe, sabe... (ou papai, titia, vovó...)

O drama começa com as MÃES que, reunidas, compõem o maior poder conservador do mundo

— porque numericamente constituem a mais maciça e uniforme ação-pressão social: um verdadeiro partido político, anônimo e tácito;

— porque a grande, a única e a mais poderosa preocupação de todas as mães é

QUERO QUE MEU FILHO SEJA NORMAL
(isto é, IGUAL A TODO MUNDO).

Ou, como corolário,

QUERO QUE ELE SEJA O MAIOR ENTRE SEUS IGUAIS
(o que vence todos dentro das *regras estabelecidas*)

— porque não há educador-policial mais convicto e atento;

— porque não há educador policial MAIS VIGIADO E CONTROLADO;

— por dentro, pela identificação com o mito da Grande Mãe — que é a mais pavorosa soma de obrigações impossíveis jamais cobrada de qualquer ser humano;

— por fora, pela atenta vigilância dos vizinhos, parentes, visitas, amigos e inimigos, todos querendo saber se a criança está sendo bem-educada — e se a mãe está "cumprindo suas obrigações";

— porque influem poderosa e continuamente sobre a modelagem do comportamento de todos os cidadãos (masculinos e femininos), durante os dez a 20 anos iniciais da vida, os mais plásticos e educáveis;

— porque quantitativamente, em relação a todas as forças que modelam o comportamento humano, as mães são 90% — em média — até os 5 anos de idade; ainda pesam mais de 50% aos 20 (e não raro até os 80);

— o exclusivismo dessa primeira e única mulher na vida de todos é a maior tragédia do homem, pois o torna vitaliciamente incapaz de se encontrar e se relacionar com outras pessoas que não sejam parecidas com a mãe — ou o contrário dela. (Mas o igual e o contrário são a mesma coisa, como se vê em uma foto e em seu negativo.) Também o exclusivismo amoroso do homem, tão funesto e empobrecedor, na certa está amarrado bem fundo e bem forte ao seu primeiro amor — o mais influente de sua vida.

Não sei se é trágica ou se é cômica a omissão que se faz dessa incrível influência coletiva nos estudos sociopolíticos.

Não se percebe que

O VELHO PATRIARCA

(chamamos de patriarcal ou autoritária a nossa querida civilização ocidental)

não subsistiria sem o auxílio poderoso, silencioso e imensamente eficaz da

GRANDE MÃE.

Acho impossível dizer se nossa civilização é patriarcal ou matriarcal.

De regra, TODO MUNDO DIZ QUE SABE MUITO BEM O QUE SE DEVE E O QUE NÃO SE DEVE FAZER.

Mas quase sempre que a famigerada palavra DEVER é dita, alguém está dizendo a alguém (da família...)

QUE ELA NÃO ESTÁ FAZENDO O QUE DEVIA.

Note-se: NÃO está.

O tal dever que eu estaria infringindo, nove vezes em dez, não se sabe bem qual é. O que meu filho fez me desagradou e eu não sei o que fazer para impedi-lo ou controlá-lo — se ele quiser fazer outra vez. Aí eu digo que ele não está fazendo o que devia.

NOVE VEZES EM DEZ, A PALAVRA DEVER É UMA DECLARAÇÃO DE IMPOTÊNCIA — E DE DESESPERO.

Se nossos deveres familiares fossem propostos explícita e positivamente, eles logo mostrariam o absurdo que são.

Uma mãe DEVE: — ser paciente;
— ser forte;
— ser sábia;
— ser trabalhadora;
— zelar pelos filhos (o que quer dizer isso?);
— agradar ao marido;
— saber comprar, negociar, avaliar e pechinchar
cozinhar
lavar/passar
cuidar da casa;
— saber lidar com dinheiro;
— entender de educação (muito!);
— dar bons conselhos em qualquer situação (aos filhos e ao marido);
— ter saúde (!);
— amar IGUALMENTE a TODOS os filhos (!!!) (sem preferências nem proteção!);
— ser puríssima nos pensamentos e sentimentos (isto é, não ter na cabeça outros homens além de pai, marido e filhos);
— casar virgem — sem nenhuma experiência sexual pré-matrimonial;
— (se ela for moderna) ser selvagem na cama (sob o maior sigilo, porém. Que os filhos JAMAIS saibam);
— estar sempre pronta e disposta para o que e quem der e vier;
— ORA *PRO NOBIS* — Amém — Ó, Santa.

Faça a sua oração, leitor. Cada um inventa a lista que quiser — ou de que precisa. Quanto mais impossível, mais admirável.

Desse jeito a coisa mais fácil do mundo é achar defeitos nas mães, e dizer a elas o que elas deviam fazer.

Aliás, nem precisa, porque é o que elas mesmas fazem o dia todo

— falando contra si mesmas — sempre com medo de não estarem cumprindo alguma de suas 398 obrigações (falo só das do sábado!)
— falando contra todas as outras mães — que não sabem cumprir suas obrigações!

Que alguém assuma um título social tão inflacionado é deveras estranho. De duas, uma: ou as mães não sabem o que estão prometendo, ou elas são vítimas de uma mania de grandeza que faria inveja a Nero.

De outra parte, uma mãe NÃO DEVE:

— perder a paciência (coincidência ou não, é o que elas mais fazem — culpa das crianças, sabe, que mexem em tudo e fazem cada uma...);
— ficar com raiva de um filho (acontece...);
— achar o marido um chato ou um déspota;
— deixar a casa em desordem, suja ou desprovida;
— não se dar bem com a sogra;
— pensar em outro homem (acontece... principalmente o primeiro amor — com aquele, sim, teria dado certo...);
— deixar os filhos ao léu (eles até que gostam...);
— ficar conversando com a vizinha;
— olhar para outro homem (pensem no grau de controle automático que essa minúscula proibição exige...);
— ter maus pensamentos (contra alguém ou por simples prazer);
— ser rancorosa, invejosa, amarga, ressentida (quem consegue não ser?);
— cansar-se — NUNCA;
— perseguir ou espancar um filho (depende dos costumes dos avós...).

Invente a sua, leitor. Quanto maior a lista, mais fica a mãe condenada à santidade compulsória.

O pior é que ela aceita.

Como se imagina, cada um acaba pondo na lista o que lhe apraz, e a palavra *dever* perde qualquer sentido comum. *Acaba sendo usada nove vezes em dez como agressão, cobrança ou declaração de impotência.*

Por aí se vê que toda mãe acaba enchendo seus porões inconscientes com os piores sentimentos que se pode imaginar. E porão inconsciente que eu digo não é o da psicanálise, não é uma coisa invisível situada não sei onde e operando não sei como. Todos esses maus sentimentos *aparecem continuamente* em tudo que a pessoa faz, em todos os gestos, atitudes, gritos e tons de voz azedos — em todas aquelas ações realizadas mais ou menos sem pensar ou até sem perceber.

À repressão é preciso somar, nas mães, um profundo ressentimento, a sensação de terem sido injustiçadas e obrigadas a fazer o impossível — O QUE É DE TODO VERDADEIRO. Com esse toque final, as mães se sentem JUSTIFICADAS em todas as suas ações e palavras. Elas estão pagando CARÍSSIMO pelo direito de se intrometer na vida de todo mundo.

Sua certeza — que é a desgraça final de todas as mães — vem do sacrifício sem tamanho que fazem da própria individualidade, a favor de uma imagem que muitos acham linda, mas que não existe nem pode existir; vem, ainda — e principalmente —, do apoio coletivo unânime e incondicional de todas as pessoas do mundo que, se veem uma mãe espancando uma criança até a morte, dificilmente interferem porque "a mãe é ela, sabe?".

ASSIM, AS MÃES SUFOCAM TODAS AS SUAS DÚVIDAS E INCERTEZAS — PELA FORÇA DA APROVAÇÃO DE TODOS A TUDO QUE FAZEM — PORQUE SÃO MÃES.
SEMPRE QUE CONTESTADAS OU CRITICADAS, REAGEM COM INDIGNAÇÃO OU SE FAZEM DE VÍTIMAS.

Não faio de escolhas nem de "defeitos" pessoais; falo dos modelos sociais vigentes, legitimados pelo costume — E POR MAIS NADA.

Desse modo, as mães têm nas mãos um poder espantoso, não pelo número de pessoas sobre as quais exercem influência, que de regra é pequeno, mas pela profundidade da influência, do controle que elas exercem sobre os filhos. E a mãe não é poderosa somente para o João da Silva — o homem simples; também os mais crescidinhos e até mesmo os poderosos do mundo não raro ainda ouvem e obedecem às mães antes de qualquer outra pessoa.

O conteúdo das repressões feitas pelas mães *pelo fato de serem mães* se despeja sobre o mundo, que é visto como muito perigoso e ameaçador (o que ele é, mas não do modo como a maioria das mães pensa e diz que é). Lógico: foi este mundo que *impôs* às mães as obrigações difíceis.

A outra parte dos maus sentimentos

QUE UMA BOA MÃE NÃO DEVE TER

aparece claramente no tom de voz (ou dos gritos!), nas caras ruins, na maneira de dar ordens, fazer sermões, xingar, amaldiçoar, castigar os filhos.

Pode aparecer, inclusive, na falsa suavidade (ameaçadora) da voz; no olhar que por vezes é terrível — mas silencioso; no gesto que ainda se contém — mas com força de uma agressão que mal se disfarça; nas proibições intermináveis, nos temores e rancores que elas transferem para os filhos.

Uma última parte do vômito — que se engole — acaba caindo sobre os parentes por afinidade, noras, sogras, genros, enteados... Eles são terríveis — você não pode imaginar como!

Quando surge a famigerada outra, então, é o mel na sopa. Ela absorve de repente todo o esgoto familiar e é percebida como um monstro deveras desumano e sobre-humano. A outra e a renovação do amor que ela representa.

E a ruindade que a mãe NÃO PODE ter acaba se espalhando e envenenando todos os membros da família — e todo mundo.

De outros modos, a família é a célula primordial da desconfiança e da fofoca do mundo. Em família, as ações das pessoas JAMAIS têm as consequências que teriam em qualquer outro lugar. A criança é de regra muito restringida naquelas coisas que preocupam e assustam demais papai e mamãe e, fora dessa área, a tolerância é excessiva, limitando-se a mãe a falar, a falar, a falar. A família fabrica em série pessoas responsáveis demais em umas poucas coisas, e de todo irresponsáveis no restante. Quando, já criado, o filho chega à arena do trabalho, estranha muito. No trabalho é tudo ao contrário: fala-se uma, duas ou três vezes E CHEGA. Ou faz ou não serve para o cargo.

No lar, só se cobra eficiência da mãe, que tem de ser competente em tudo. Todos os demais membros da família comportam-se como parasitas da mãe — que faz por todos e, nesse sentido, é todos. A mãe é a *principal parte* de todos: a iniciativa e a realização prática *do cotidiano*, do morar — vestir, comer, limpar, arrumar, prover.

Complementando esse aleijão pragmático, existe a regra: "O lugar da mãe é no lar", isto é, a mãe não deve sair muito de casa (senão ela aprende o que não deve).

E a escrava-rainha aceita — orgulhosamente!

Mas o PIOR DE TUDO é que no lar e na família nenhuma atitude pode ser definitiva porque o mundo todo ainda faz pressão no sentido de "TUDO MENOS A SEPARAÇÃO" — e filho que sai de casa sem necessidade ou é ovelha negra ou doente mental, coitado!

Daí que, na guerra doméstica — que é incessante —, as atitudes definitivas estão para as cenas dramáticas na proporção de um para cem mil.

De novo, qualquer empresa do mundo que funcionasse assim — econômica ou artística, capitalista, socialista ou artesanal — estaria arruinada antes de começar a funcionar. Em virtude dessas brigas de faz de conta, que se REPETEM milhares de vezes sempre iguais, o controle da casa acaba sendo assumido:

— pelo personagem que tem crises psicossomáticas mais espetaculares (ninguém acredita na doença, mas *todos se comportam* como se acreditassem — o que eterniza o processo);

— pelo personagem que sabe *ameaçar* mais convincentemente, aquele que é mais assustador — de cara, de jeito, de voz.

Quando ninguém se salienta de modo claro, então a guerra doméstica assume a forma de discussão-atrito sem fim, única atividade pseudoviva que resta a várias pessoas que TÊM DE viver juntas, mas já se esgotaram — e não aceitam a influência renovadora de mais ninguém.

O que é fácil porque a sabedoria popular já eternizou esta esplêndida regra de comportamento social:

EM BRIGA DE MARIDO E MULHER NINGUÉM METE
A COLHER.
(Assim, nada muda.)

Nem o lar nem a escola dizem o que acontece no mundo, as coisas "feias" que os outros — só os outros, os não-da-família — vivem fazendo. "Não se deve" falar a esse respeito. E não é só sobre mulheres da vida e homossexuais, não; nada se fala em casa sobre o modo real como os negócios são feitos, o modo real como as firmas trabalham, o modo real como se faz política. Na conversa familiar relativa a essas áreas, ocorre a mesma divisão que existe entre mulheres de família e vagabundas. Quando o negociante "é bom", faz tudo direitinho; se ele "é mau", faz tudo com astúcia e embrulha a todos. Sempre e sempre nos vemos diante "dos meus" e "dos de fora" — diferença que a família define e marca —, primeira vitória e o mais fundamental modelo maniqueísta do ser humano.

O drama familiar tem outros... atos ou... cenas.

A influência recíproca entre os membros da família é muito DEN-SA. Daí que TODAS as relações *não familiares* sejam superficiais, insignificantes, pobres e fracas.

As relações familiares são densas:

— porque a família dura 20, 30 ou mais anos, com convívio obrigatório muito frequente entre seus membros;

— porque o grupo familiar é pequeno — dificilmente mais de dez pessoas;

— porque o costume nos diz que o NOSSO LUGAR é o lar; todos os outros lugares são "de passagem" — não são para ficar;

— porque com demasiada frequência as relações não familiares são desencorajadas pela família — a menos que sejam de trabalho... ou de família! Quero dizer que, se um rapaz "sai com moças", ele não é bem-visto em casa, ou se omite o caso. Se ele está namorando para casar, então tudo bem (vai fazer OUTRA família...).

Com essas condições restritivas, o GRANDE DRAMA FAMILIAR se faz:

— muito pobre;

— muito, muito, muito, muito, muito, muito, muito, muito, muito REPETITIVO.

Quantas vezes já lhe disse?
Quantas vezes preciso falar?
Já não cansou de ouvir?

O sermão da mamãe, a cara aborrecida e a desculpa boba do filho, a cobrança enciumada da esposa e a evasiva tola do marido se repetem, se repetem pelos séculos dos séculos, amém.

— Sabe, meu filhinho *bebe há 30 anos.* Eu VIVO DIZENDO a ele que ele não devia!

O que é isso? Tragédia? Horror? Desespero? Niilismo? Loucura? Piada?

Nada disso.

— SABE, ELA É MÃE!

— ó, BOMBA, por que não explodes de uma vez?

A consequência da excessiva densidade do convívio familiar é a especialização demasiada de papéis, seu esquematismo e sua pobreza.

A família subsiste e possivelmente se formou por causa da divisão — e consequente especialização — do trabalho. A mulher em casa com os afazeres domésticos e a educação dos filhos; o pai "lá fora", caçando, procurando o ganha-pão, exercendo profissões que pouco têm que ver com a família.

Mas não se declara nem se reconhece que, além dessa, existe outra divisão do trabalho — agora emocional e psicológico.

Exemplifiquemos:

— Papai é O nervoso — Mamãe o acalma (é A calma).

— Antônio é O estudioso e Márcia é A boa-vida.

— Você sabe como ela é, não sabe? Ela quer sombra e água fresca.

— Papai é O preocupado — Mamãe é MUITO religiosa.

— Mamãe? Uma SANTA.

Antônio é o manteiga-derretida da casa e André é o durão.

— Ele NUNCA chora — desde pequeno!

— Márcia é a exibida e Luiz, o envergonhado.

— Ele é TÃO acanhado! Sempre foi!

— Papai é A violência e mamãe é A boazinha.

— Sabe, casamento é assim. Precisa ter paciência...

— Márcia é a burra e Antônio é O inteligente.

— Tira sempre dez — desde o primário.

— André é o sociável e Luiz, o introvertido.

— Ele gosta de ficar fechado no quarto com as coisas dele. SEMPRE foi assim.

Já dá pra ver que Luiz, daqui a pouco, se papai ficar um pouco mais violento, vai se tornar esquizofrênico.

Depois que todos têm seus poucos papéis, é muito difícil mudá-los porque DIARIAMENTE eles são REFORÇADOS dezenas e até CENTENAS de vezes. Um vai dando a dica para que o outro entre em cena, e o ETERNO DRAMA (fajuto) da família se repete não sei até quando.

Fajuto porque ele é todo e somente um teatrinho de coisas sabidas e consabidas, que não são terríveis, nem perigosas, nem decisivas.

TODOS OS INTERESSADOS SABEM MUITO BEM QUE AQUILO VAI SER ASSIM PELOS SÉCULOS DOS SÉCULOS.

Sempre igual,

GRAÇAS A DEUS!
(Assim podemos ter A CERTEZA de que nada de realmente novo vai acontecer.)

DESGRAÇA VELHA E SEMPRE A MESMA NÃO PERTURBA NINGUÉM.

— É um sossego.

Os papéis não são apenas reforçados, são também discriminados por um número igualmente infinito de repetições: a pessoa tem de ser aquilo e NÃO PODE ser outra coisa porque logo que ela faz diferente todos estranham e reagem, obrigando o infeliz a voltar a seu papel vazio costumeiro.

Quando um membro da família começa a mudar por influência de um estranho, aí a família entra em pânico. A dinâmica é simples, monótona — mas eficiente.

TODA a família reage contra "as novidades" — "Onde é que você anda aprendendo essas bobagens?" É que a mudança de UM papel obriga a mudar o enredo de TODA a peça — que já está em cartaz há 20 anos!

Se a família mudasse em função do novo desbravador dos sertões, durante a mudança do teatrinho doméstico todo mundo ficaria um tempo indeterminado SEM SABER O QUE FAZER.

Isto é, meio perdido e meio desamparado — o que é muito ruim de sentir.

Por isso a RESISTÊNCIA da família a TODA e QUALQUER mudança é enorme e desse modo ela funciona estabilizando a sociedade. Ela é o baluarte primeiro e o mais poderoso castelo das verdades fundamentais — e ATUANTES — que sustentam o sistema,

QUALQUER QUE ELE SEJA!

Como em família, igual ao que acontece com minha mãe, TENHO DE ser só um pouco de mim e ser sempre o mesmo, delego aos outros a função de ser tudo que eu não consigo, não quero ou não posso ser. Aí começa a cobrança de deveres — como se disse no começo.

Assim fechamos o ciclo, que só se mantém à custa de uma soma gigantesca de fofoca, irresponsabilidade e sofrimento inútil.

COROLÁRIOS:

— TODA a família mal chega a ser UMA pessoa — somando-se todas as especializações emocionais e todos os papéis de seus membros.

— Em TODA família que se preza, CADA MEMBRO SE RESPONSABI-LIZA POR TODOS OS OUTROS. Importante é a saga familiar, contexto e fundo que dá sentido (!) à vida de cada um, sentido mais fatal por ser inconsciente, porque é um conjunto de automatismos — de hábitos.

— Inversamente, em TODAS as famílias, em consequência do que se declarou,

NINGUÉM SE RESPONSABILIZA POR SI MESMO.

A solução é o desespero ou a compaixão.

Se os homens quiserem dizer — como o fizeram até hoje — que a família é Divina, Sagrada, Perfeita, o Máximo, então é o mais irremediável DESESPERO para todos.

Se concordarmos que nossas belas ideias — serão belas mesmo? — não são realizáveis, que a família é uma instituição tosca, primária, arcaica, cheia de deficiências gritantes EM TUDO QUE SE REFERE À FORMAÇÃO DO HOMEM, então talvez nos seja dado reunirmo-nos na compaixão — e no trabalho de refazê-la.

Digo que ela é péssima para a formação do homem: até hoje ela serviu para garantir a continuação da espécie, para formar o cidadão dos Sistemas e os Bons Filhos das Boas Famílias — o que é muito bom, MAS ESTÁ MUITO, MUITO, MUITO LONGE DE PODER OFERECER AOS HOMENS A VARIEDADE DE EXPERIÊNCIAS PESSOAIS QUE — SÓ ELAS — TÊM FORÇAS PARA HUMANIZAR. SÓ NOS FAZEMOS GENTE COM MUITA GENTE.

DESPEDIDA (desse sétimo círculo infernal — digo, familiar)

Nove décimos — note-se o número — de TODOS os casos clínicos publicados pelas revistas especializadas das ciências psicológicas, psicanalíticas e psiquiátricas ocidentais, *desde sua origem até hoje,*

MOSTRAM QUE A FAMÍLIA NÃO FUNCIONA BEM

(mostram que ela é a causa imediata e, de regra, a mais importante na determinação dos distúrbios mentais e emocionais).

Logo surge o defensor que diz:

— Mas eram famílias mal constituídas!

Nove décimos dessas famílias — note-se o número — seriam seguramente tidas como NORMAIS pelos moradores do apartamento vizinho.

TRATADO GERAL SOBRE A FOFOCA

A família é com certeza a primeira e a melhor causa do sofrimento subjetivo da humanidade, da divisão interior de todos e da discussão interminável consigo mesmo, quase sempre dolorida, que se repete sempre igual dia após dia, ano após ano.

É a Família que ouvimos naquela vozinha dentro de nós que repete e repete, cobrando incansavelmente:

— Mas você devia!

A vida toda.

20
A HISTÓRIA COMO PRODUTO DE FOFOCA

Os racionalistas, como é lógico, acreditam que todas as coisas têm razão de ser. Acreditam também que tudo que é muito sério deve ter "atrás" ("antes", "acima", "mais no fundo" — não se sabe bem onde) uma causa igualmente séria.

A história, pois, que é a soma de todas as coisas sérias que acontecem — ou já aconteceram —, deve ter fatores determinantes de monta: economia, mitologia, grandes homens, vontade de poder, acaso, destino.

A lógica da história existe para os lógicos que, escolhendo o que explicam, conseguem explicar tudo que escolheram.

Tudo que escapa da rede teórica na certa não é peixe — deixe que se vá: é irrelevante, ocasional, fortuito, acidental, coincidência. Mas o homem — em conjunto — é um animal muito ignorante, muito tosco, muito criança e muito louco.

A política CONCRETA das grandes organizações, quaisquer que elas sejam, admite elementos por demais numerosos de negociata, vaidade, inveja, ostentação, despeito, ressentimento, vingança. Contém até alguns ingredientes concretos, factuais, "objetivos". Os poderosos veem-se cercados o tempo todo por um verdadeiro enxame de falas, cochichos, fuxicos, risinhos, desprezos, "superciliaridades" (elevar de supercílios), "ombridades" (dar de ombros) e mais encenações típicas da mais desenfreada fofoca. Todas as informações que eles recebem são eivadas de insinuações, apelos, pedidos, falsas demonstrações de empenho, ambições secretas — mas nem tanto —, hipocrisia, inveja.

Que podem eles saber a respeito do que realmente acontece, perdidos que estão nessa onda de confusão? Que decisões sérias, bem informadas, ponderadas e racionais podem eles tomar?

O mesmo ocorre no vértice de todas as subpirâmides de poder do universo, que são muito numerosas e na certa atuam como forças modeladoras da história — história que é feita por força da fofoca muito mais do que os racionalistas estão dispostos a admitir.

É preciso lembrar que a pirâmide de poder mais frequente é a Família — milhões de famílias.

Em poucos lugares do mundo há tanta fofoca como na família — incluindo-se, além de pais e irmãos, avós, sogras, tios, sobrinhos, cunhados, noras e domésticas.

Somando-se a negligência de todos à fofoca de todos, compreendemos melhor o processo histórico do que com grandes causas. Estamos indo firmemente para o brejo, todos sabem disso, e não se vê o que está sendo feito para deter nosso destino de vacas estúpidas. Cada qual cuida "dos seus" e os outros que se amolem.

Daí que ninguém sabe o que cada um está fazendo. As autoridades cuidarão de todos. De tudo.

Mas as autoridades fazem exatamente o mesmo, em todos os departamentos e repartições do mundo: ficam esperando que os chefes decidam.

Assim se demonstra que a humanidade var evaporar nuclearmente (ou pela fome, ou pela asfixia — ainda não está bem definido) porque os homens — todos ótimos e sensacionais — são negligentes, apegados a seus hábitos e fofoqueiros.

TODOS.

(Você também — não tira o corpo, não.)

21
OS DEUSES E A FOFOCA

Os gregos eram assim — diretos. Perdiam pouco tempo com seus negócios e obrigações divinos.

Viviam criando casos de amor mais do que artistas de cinema. Aí está: eles eram os artistas dos gregos e viviam EXCLUSIVAMENTE da fofoca que se fazia em torno deles. Que ERA eles. Os deuses não eram nada mais que as fofocas dos gregos, que procuravam imaginar — À SOMBRA DA LEI — um mundo mais ao gosto do que este que está aí.

A fofoca olímpica era a alma da Grécia. Hoje são os artistas de cinema, música e TV. As relações entre essas grandes figuras do mundo da comunicação e o povo são idênticas às que reinavam entre os deuses gregos e os gregos.

Viviam ambos,

DEUSES E ESTRELAS,

como

TODO MUNDO GOSTARIA DE VIVER.

Depois dos gregos, só os árabes.

No paraíso do Profeta — que é jardim — existem huris de estonteante beleza que farão felizes os fiéis.

POR TODA A ETERNIDADE.

Ainda bem que há gente sensata neste mundo: os gregos e os maometanos.

É claro que não precisa inventar nenhum outro paraíso.
Porque, então,

FALA-SE TÃO MAL DE TODOS OS QUE QUEREM CHEGAR LÁ?

Em matéria de alta frequência, o tema que vence, na área da fofoca, é, com certeza,
Quem dormiu com quem

— quando
— onde.

Os deuses, portanto, não eram de todo originais. Muito pelo contrário... Ou será melhor dizer que eles também eram fofocados por todos os

ERROS
que cometiam?

Bem-aventurados os gregos

PORQUE SEUS DEUSES ERRAVAM

— e eles podiam fazer fofoca a esse respeito.

Amém.

22
A FOFOCA E MINHA MANIA DE GRANDEZA

Eu sou muito importante — demais.

O psicanalista diz que sofro de mania de grandeza (megalomania) ou de sentimentos de onipotência — e que isso vem de quando eu era pequeno.

Bobagem.

Sinto-me muito importante porque todo mundo está interessado no que acontece comigo.

Basta que eu faça alguma coisa fora de série e logo alguém vê, comenta e passa adiante. Todos me vigiam e controlam. Sou e me sinto tão vigiado quanto um espião.

Pior do que um espião. O 007 é pego pelo inimigo uma vez em cada filme e então conhece o chefão e sabe o que ele queria fazer.

Eu não. Vira e mexe me trazem — a custo — uma fofoca a meu respeito, e eu nunca sei quem foi que disse primeiro. A volta não tem prazo fixo. Hoje faço um gesto e digo uma frase. Amanhã — ou daqui a um ano — vem o comentário. De Pedro ou de Joaquim — nunca sei de quem.

Às vezes, o retorno vem tão atrasado e tão entortado que não sei mais nem a que se refere.

Menos ainda sei quantos tomaram parte no processamento da informação...

Como me sinto diante desses fatos?

Extremamente importante — e ameaçado.

TUDO QUE EU FAÇO INTERESSA A TODO MUNDO!

Estou sempre no centro das atenções.

Mesmo sozinho, sinto os outros por perto.

Quando só, fazendo uma coisa que me parece proibida, qualquer riso ou voz inesperada soa como se fosse de alguém espionando — de alguém que estivesse ali só para depois contar pra mamãe! Se não há riso nem voz inesperada, então, no meio do silêncio, surge em minha mente um pensamento sem propósito e embaraçoso. De ONDE veio esse pensamento? QUEM MANDOU essa ideia?

O melhor exemplo de fatos assim vamos encontrar no sonho seguinte, que já ouvi de CENTENAS de pessoas:

"Eu ia fazer sexo com alguém, mas aí mamãe entrava no quarto..."

Depois que fiz o que não devia ter feito, fico horas, dias ou a vida toda receando que de repente alguém descubra. Eu não. Todo mundo. Metade dos romances, filmes e novelas gira em torno desse eixo.

Por que nos sentimos todos acusados, como Kafka mostrou?

Por que Melanie Klein diz que a ansiedade persecutória é experimentada por todos?

Por que nos sentimos tantas vezes injustiçados, incompreendidos, maltratados?

Como nunca sei

QUEM

QUANTOS

QUAIS e

QUANDO

falarão de meu delito, como não sei quem sabe e quem
não sabe, como muitas vezes nem sei qual foi o delito,

VIVO SEMPRE COM MEDO DE TODOS.

Esse medo me mantém na linha justa.
Nada disso é fantasia e pouco tem que ver com a infância.
É tudo dura realidade. É bem o PRINCÍPIO da chamada REALIDADE
SOCIAL. Princípio porque está no começo e porque é a regra básica do
jogo (social).
Junto com a fofoca — que é palavra e risinho —, caminham con-
denação social, mau conceito, oportunidade de emprego, aviso de
dispensa. Tudo isso é muito perigoso.

Por isso somos todos paranoides — quer dizer, muito cheios de
nós mesmos e, ao mesmo tempo, com medo de perseguição. Tudo
que faço fora do regulamento custa um susto.
Mas, se fico sempre dentro do regulamento, nunca faço nada a
meu gosto e então vou definhando, virando robô, zumbi e múmia.
Aí ninguém percebe que eu existo. Virei soldado fardado no meio
da parada.
Parada social. Sociedade parada. Conservadora. Ninguém me vê.
O prêmio do homem de bom caráter é viver sem ser percebido por
ninguém — nem por sua legítima.
Que digo!
Nem por ele mesmo.
Essa a realidade do alienado.

Quem se modela pelas expectativas de todos desaparece nas estantes do estoque social, na prateleira que lhe corresponde, na gaveta de seus iguais. Anônimo classificado.

Uma classe.

Social.

De desclassificados.

Só apareço na hora em que transgrido e aí todos se importam comigo.

Só posso sentir que existo quando me faço delinquente — ou marginal.

Como nunca faço o que me apraz, estou sempre querendo fazer — querendo transgredir. O Faminto está sempre com Fome.

Meu desejo eterno alimenta meu medo interno porque as Comadres de Dentro — claro — sempre sabem de minhas intenções e sempre sabem que os outros podem me surpreender — se eu ousar.

Preciso de outro para me conter.

Ele precisa de mim para conter-se.

Sou seu suspeito e ele, meu promotor.

Ele é meu suspeito e eu, seu policial.

TODOS PRECISAM DE TODOS PARA QUE O SISTEMA CONTINUE.

Todos: os desconhecidos, os familiares, os amigos, eu mesmo.

Não há sistema de controle mais perfeito.

Nem sempre as pessoas têm ânimo para aceitar sua desgraça até o fundo.

Falo da perseguição — de novo.

Melanie Klein escreveu muito a esse respeito e ela sabia do que falava. Mas ela não disse que

TRATADO GERAL SOBRE A FOFOCA

É MELHOR SENTIR-SE PERSEGUIDO
do que
NÃO SENTIR NADA — NEM NINGUÉM.

Se me sinto angustiado e me parece que é porque os outros me vigiam e perseguem, então

SOU CENTRO DE UM UNIVERSO DINÂMICO

E ORGANIZADO.

Não só me sinto muito vivo, muito presente e muito atuante — na fuga, no revide —, como *não consigo deixar de me sentir assim* — nem que queira.

Sentir-se perseguido — quando isso ocorre com clareza e força — é o PRIMEIRO SINAL de que comecei a viver. De que MINHA vontade começou a se insurgir contra tudo que a oprime.

É essencial ESTAR ORGANIZADO — de algum modo. Senão experimentamos a sensação de

FALTA DE SENTIDO
de tudo que somos e fazemos.

Não só falta de sentido, como falta de CENTRO e de DIREÇÃO.

CAOS — autêntico.

O mais fundamental dos instintos biológicos não é a fome nem o sexo. É o instinto de

ORIENTAÇÃO.

Sem os dispositivos que nos colocam no espaço físico, entre os demais seres vivos e entre os demais seres humanos, *nada pode ser pensado.*

Pior,

NADA PODE SER FEITO.

Daí que ser ou sentir-se perseguido será a primeira direção do medo ou do ódio — mas também da autoafirmação.

A culpa é o sentimento — é a atitude — que pode APLACAR o perseguidor, que pode reduzir a pena ou trazer o perdão. A ATITUDE do culpado confesso é a de quem não vai reagir mais — contra nada e contra ninguém.

Quase todos vivem

PARALISADOS

pelo medo de se sentir culpados.

Quando passo de culpado a perseguido, é porque comecei a me mexer.

23
ESQUIZOFRENIA OFICIAL

De neurótico e de psicólogo todo mundo tem bastante. Cada época e cada povo têm suas manias e esquisitices.

As manias de cada época são as noções de certo e errado, de fica bem e não fica bem, de deve e não deve.

Uma divisão.

Virtudes	e	vícios.
Qualidades	e	defeitos.

Essa é a primeira mania.

O que é bom me atrai sempre — e eu busco. O que é mau eu evito. Tenho assim um excelente esquema para me manter sempre andando. Se tudo fosse ao *mesmo tempo* bom e ruim, benéfico e maléfico, como é que eu ia escolher?

COMO É QUE EU IA ME MEXER?

Se meu melhor amigo é *também* meu pior inimigo, só posso ficar diante dele de um jeito: parado.

Se a machucadura vier da mulher amada, dói muito.

Se o dinheiro me faz *feliz* e *infeliz* — em medida comparável —, será que vou me esforçar para ganhá-lo?

Para vencer a indiferença das coisas e das possibilidades, que são sempre *ao mesmo tempo* boas e más

— sempre podem nos beneficiar E prejudicar —,

só foi encontrado um dispositivo social — sempre o mesmo: definição de um bem e um mal e pressão da maioria sobre todos. Daí o progresso da humanidade...

Se a *maioria* concorda que isso é melhor do que aquilo, então vamos todos querer isso e deixaremos aquilo para os bobos, os incapazes, os pecadores, os marginais ou os que não têm dinheiro para comprar.

Com isso, o "melhor" fica melhor ainda — mais gente quer. E as modas se sucedem.

Também nas aptidões e qualidades das pessoas se fazem o corte e a escolha. Nobreza, retidão, amor, honestidade, justiça, simpatia pode. Mesquinhez, inveja, desprezo, desespero, tristeza não pode.

A escala varia de casa para casa (é diferente em cada família), mas sempre existe.

Tanto que os velhos moralistas diziam que essa era a virtude que fazia do homem homem: separar o bem do mal.

Estão incluídos tanto os casos de escolhas mais ou menos deliberadas e conscientes como os de inconscientes, instintivas e condicionadas pelo sistema.

Mas o que é que eu vou fazer — depois que "escolhi" — com tudo que sobra e não cabe dentro das coisas boas, certas e bonitas? Se eu for invejoso, despeitado, rancoroso, pornográfico, inescrupuloso, que é que eu faço?

Todo mundo sabe: projeto, isto é, arrumo os fatos e as coisas para que eles — os outros — "expliquem" o que eu sinto e "justifiquem" o que eu pretendo fazer.

Digo: ele — o outro — é astuto e vingativo. Logo, eu *tenho de* ser esperto e desconfiado. Mas esperto e desconfiado eu já era antes de cruzar com ele — e sempre fui!

Imagino, descrevo e enquadro o outro de tal modo que se fazem transparentes a obrigação de me prevenir e o *direito — a obrigação até — de responder* do mesmo modo, à altura.

O que o outro fará mesmo quase nunca sei com certeza.

O que eu *suponho* que seja a atitude dele, que outra coisa pode ser senão *minha* intenção se eu estivesse naquela situação? Ou somos todos telepatas?

Somos, na verdade, TELEPSICOPATAS.

ENDOIDECEMO-NOS UNS AOS OUTROS O TEMPO TODO.

Freud já sabia bem dessas coisas, mas de um por um e de cada um na sua família — e não de todos com todos.

QUANDO SE VÊ FUNCIONANDO EM TODOS AS COISAS QUE FREUD VIA EM CADA UM, O QUADRO É ASSUSTADOR.

Todos nós negamos muitos aspectos de nós mesmos e, como isso não basta para aniquilar o que negamos, vamos todos *ver uns nos outros tudo que temos de pior.*

Não ME OBRIGARAM a ser grosso, sacana e FDP?

Com eles acontece o mesmo, e o que neguei em mim recebo de volta dos outros — desconfiança, suspeita, condenação.

NÓS TODOS NOS USAMOS RECÍPROCA E DEMOCRATICA-
MENTE COMO LATAS DE LIXO.

Depois disso, como é que eu posso

AMAR

O

PRÓXIMO?

— só posso tratá-lo como trato ao pior de mim mesmo
— como a meu vômito
— como a meu escarro

Nas relações de *cada* família com a sociedade, ocorre processo idêntico — em alto grau. Os *meus* são ótimos. Pena que o mundo — os outros, eles, os vizinhos, principalmente os desafetos — seja tão ruim.

Depois disso, ninguém consegue compreender como é que da reunião de tanta família boa se forma um mundo tão mau.

Esse é o mistério da conversa a meu favor e da fofoca contra ele. Eu, o bom; ele — sabe —, o coitado, o ignorante, o sacana...

Na guerra, a fofoca — aí chamada de boato — alcança os limites. Todos estão dispostos a crer no que se queira dizer do inimigo. Qualquer infâmia pode ser perpetrada por aqueles monstros odiosos — *que foram criados pela declaração de guerra!*

É preciso alcançar esse nível para compreender um dos lados mais trágicos e absurdos da fofoca.

A pessoa fofocada pode até ter feito o que eu disse. Mas é líquido e certo em qualquer caso que ela *jamais* será *apenas* o que eu estou dizendo.

Não há bandido que fique fazendo maldades 24 horas por dia todos os dias da vida.

Ninguém pode ser

TÃO

especialista.

Ninguém aguenta.

Mas no correr da conversa muitos se comportam como se acreditassem nisso e mostram todos um curioso misto de espanto e convicção quando ouvem as lorotas.

Espanto porque o que está sendo dito é deveras espantoso. Convicção porque dão todos a entender que compreendem bem "essas coisas" — as que estão sendo atribuídas ao outro.

É *tácita* a convenção segundo a qual *nós* — que fofocamos — sabemos muito bem como se comportam aqueles perversos e marginais dos quais fofocamos.

"Eles" são assim mesmo, sabe? — inescrupulosos, pornográficos, frios, não respeitam nada, fazem o que dá na cabeça...

De certo modo, o fofocado nunca existe — nem pode existir. Ninguém pode ser tão ruim assim.

Ninguém pode ser ruim assim o tempo todo.

24
A FOFOCA E A ANTROPOLOGIA

Uma vez mais vamos imaginar a famosa tribo primitiva — duas centenas de pessoas.

Tinha o Pajé — claro. Nenhum grupo humano vive sem acreditar no que não existe. Porque o que existe por vezes é feio e ninguém sabe o que fazer — tempestades, secas, doenças, vulcões, terremotos...

Então é preciso acreditar que alguém sabe o que fazer — senão ficam todos desesperados.

O Pajé carrega, pois, o desespero de todos os que dizem acreditar nele. Que, na verdade, *fazem de conta* que acreditam nele. Os membros da tribo sabem que o trabalho do Pajé é pura encenação. Puro *show*.

Mas, enquanto o *show* continua, o homem fica entretido e fascinado, esquecendo-se do resto — da seca, da fome, da inundação. Brasileiro não esquece de tudo no carnaval?

PORQUE O HOMEM É ANTES DE MAIS NADA E ACIMA
DE TUDO UM ANIMAL TEATRAL.

Ele é o PROTAGONISTA — querendo ou sem querer — e o espetáculo precisa continuar — haja o que houver.

Mas um dia o Pajé exagerou no cauim e, durante a cerimônia de propiciação para uma boa colheita, começou a enrolar a língua, a exagerar nos gestos e pulos, a gritar alto demais...

Na hora ninguém disse nada, claro.

Seria falta de respeito pelas sagradas tradições, não se deve, não fica bem; o Pajé, afinal, deve saber o que está fazendo, quem sou eu para ensinar o Pajé etc.

Mas, terminada a cerimônia, todo mundo foi para as ocas falando, falando, falando.

Onde se viu gritar daquele jeito? Assim os bons espíritos se assustam. Pra que tanto exagero nos gestos? E a compostura? E as boas maneiras? E as palavras enroladas, você reparou? Se os espíritos não compreenderem a conversa dele, como é que vai ser? No dia seguinte, os amigos do Pajé, que agora estava fora de sua função e de seu papel, foram visitá-lo. Conversa vai, conversa vem, aos poucos foram botando tudo pra fora.

— Sabe, meu velho, o grande caçador ficou com medo de que você espantasse os bichos com aquela gritaria toda.

— Sabe, meu velho, sempre pensei que com os espíritos a gente tem de falar com jeito, pausado e claro — senão eles não entendem.

— Sabe, meu velho, estas cerimônias de nossos antepassados são muito aborrecidas, mas meu pai me disse que se a gente não faz direitinho elas podem ter até efeito contrário!

Pelos amigos ou pelos inimigos, pelas falas ou pelos gestos e jeitos de todo o pessoal da tribo, a fofoca chegou até onde precisava.

Na cerimônia seguinte, o Pajé bebeu menos e todo mundo apreciou e elogiou PUBLICAMENTE a beleza e a perfeição do seu desempenho. E todos ficaram felizes.

Pena que nas tribos maiores as coisas não funcionem assim. Juro que eu queria deixar essa parábola sem comentários. Enxuta.

Mas não resisto.

A fofoca pode até funcionar como órgão principal da regulação social, OBRIGANDO os poderosos a se MANTER dentro das normas estabelecidas.

Mas, para compreender essa afirmação, precisamos antes começar a desconfiar — é o óbvio, mas não parece — de que

PODER NÃO É SÓ PRIVILÉGIO COMO MALDIÇÃO.

Você queria ser faraó e ficar imóvel como estátua sobre o carro monumental durante as 12 horas do desfile da vitória? E repara que no Egito tinha muita mosca!

Você gostaria de apertar milhares de mãos e sorrir milhares de vezes por dia — para um mundo de pessoas desconhecidas? Você acha que é fácil fazer sempre cara de quem entende tudo que está acontecendo, e cara de quem está sempre controlando a situação? E assinar 200 papéis por dia — sem saber o que está assinando? E fazer discurso que não foi você que escreveu? E viver sempre com meia dúzia de guarda-costas — e sempre esperando que alguém o assassine?

Mais difícil que tudo isso, porém, é aguentar todos os dias, milhares e milhares de vezes,

> pedidos,
> queixas,
> reclamações,
> críticas,
> xingamentos,
> acusações...

E toda essa enxurrada de coisas desagradáveis vem cheia de

> > amargura,
> > desencanto,
> > ambição,
> > inveja,
> > frustração...

Você pensa que é fácil ser

CULPADO

por tudo que acontece?

Claro que, depois dessa tortura, É PRECISO que haja alguma compensação, senão seria preciso caçar chefes a laço — porque ninguém aceitaria.

E de que adianta ter belas coisas sem ter tempo nem disposição para gozar delas?

As pessoas precisam começar a compreender que

NÃO FOI O CHEFE QUE FEZ O GRUPO,

mas, sim,

FOI O GRUPO QUE FEZ O CHEFE.

Só do meu velho e querido mestre Jung ouvi essa heresia tão esclarecedora. O chefe está proibido de ter fraquezas, de zanzar à toa por aí, de fazer ou dizer o que dá na cabeça. Onde quer que se encontre, ei-lo sempre vigiado, policiado, controlado, cobrado.

Além do mais — e principalmente —, o chefe

TEM DE

assumir a responsabilidade por todas as grandes decisões. Para isso ele existe — é o que se

DIZ.

Mas DEPOIS ele TEM DE ouvir tudo que o povo quiser dizer a respeito das decisões que tomou. Ouvir a respeito de sua ignorância, inépcia, burrice, falta de coragem, moleza — ou dureza —, má-fé, venalidade, corrupção.

Desde sempre o povo elegeu um CHEFE a fim de dispor de um

BODE EXPIATÓRIO OFICIAL.

TRATADO GERAL SOBRE A FOFOCA

O chefe é que absorve o descontentamento, a frustração, a irresponsabilidade e a inconsciência.

DE TODOS.

É duro ser chefe, mas como em geral os chefes são poucos e duram muito tempo, poucos podem fazer e sentir a experiência: ser chefe. Por isso, todos colocam no chefe suas fantasias e seus desejos mais queridos, dizendo no íntimo do coração: "Ah, se eu fosse chefe..."

E assim continuam pela vida afora, sempre imaginando o que fariam e sempre SEM FAZER — sem *ter de* fazer. Só criticar.

É duro ser chefe.

E o pior para o chefe é aguentar a

FOFOCA DO POVO

PARA O QUE, aliás, ele foi feito,
— principalmente.

SE NÃO HOUVER CULPADO, QUE É QUE NÓS VAMOS FAZER?
Se não houver culpado, precisamos

TODOS

começar a fazer alguma coisa

JÁ, e
PRA VALER.

Não é um saco?
Pois é, meu chapa, é isso aí.
Eu digo que o governo tá fazendo besteira!
Se fosse eu...

25
FOFOCA E PSICOTERAPIA

O que mais se faz em psicoterapia — individual ou de grupo — são CONFISSÕES. De regra, o terapeuta ouve muito, fala pouco e o paciente fala, fala, fala. Tudo está na fala (parece).

O paciente fala, o terapeuta interpreta: diz ao paciente o que acha daquilo que o paciente acha...

Quase sempre o que o terapeuta diz acaba sendo

— Olhe, veja, perceba:

> NO FUNDO A CULPA É SUA
> — Você que é o exibido
> — Você que é o sedutor
> — Você que é o exigente
> — Você que é o mentiroso
> — Você é que disfarça — que engana —, que foge.

Por que as pessoas pagam para ouvir isso? Por que os homens inventaram a confissão? Por que em algumas seitas protestantes havia confissão coletiva de pecado — assim como na Igreja antiga?

Confessar é tornar público o que fizemos escondido. Se fizemos escondido, então é porque imaginamos que OS OUTROS achariam feio — que não se deve, que não fica bem, é pecado. Na confissão, espera-se que o pecador se arrependa — peça perdão — e não aja mais assim.

É o esquema mais patriarcal, paternal e autoritário que se pode imaginar.

Entrego-me ainda antes de ser denunciado.

Confesso meus maus pensamentos — os que me faziam DIFEREN-TE do rebanho — e, no ato, declaro que os repudio — que os considero "erro".

E volto para o Seio de ABRAÃO, e ao Vencedor, segundo Machado de Assis, as batatas.

É a forma primeira de AUTOCENSURA, a mais tosca que se pode imaginar.

É também, com certeza, a forma ORIGINAL, a primeira forma — da CULPA.

Da culpa de se sentir diferente, de se sentir separado da matriz grupal.

É o poder *de fora* sentido como *idêntico* ao de *dentro*. Se o de fora não aprovar ou não souber o que penso e faço, então não posso

SER.

Se eu não disser aos outros o que desejei (e fiz), não posso aceitar o meu como meu.

Eles têm de ouvir, saber, julgar — condenar? Absolver?

Mas é claro que, na hora em que declaro PUBLICAMENTE — repudiando — o que é meu, nego o que é meu.

Estou dizendo: "Olhem, eu fiz, mas não faço mais, viu? Vou voltar a fazer como todo mundo — para que todo mundo continue em paz. Tá?"

Imaginem se eu pecador for bem-sucedido! Isso não seria um estímulo terrível para a desordem?

Durante milênios se disse e se acreditou que a COESÃO SOCIAL era mais importante que a REALIZAÇÃO INDIVIDUAL.

Se é verdade, não sei, mas, na REALIDADE, foi. E ai de quem duvidasse!

Ao longo da psicoterapia, *o processo continua!*

Como o terapeuta se põe sempre de bidu — sabe-tudo, superior, impecável, INCONTESTÁVEL —, ele é a própria

AUTORIDADE.

(Notem bem o círculo da mútua sustentação: ele *se põe* e o paciente *aceita* — até exige.)

Voltam os dois papéis mais consagrados (e velhuscos) que os homens — ou a vida — já inventaram: o dominador e o dominado. O que confessa e o que perdoa. Em nome da ciência.

Depois dessa encenação, não sei como compreender a seguinte proposição.

— Diz-se que a psicoterapia afrouxa — "analisa" — o superego. Como? Há superego mais inflexível que o terapeuta?

Desde quando o papo se sobrepõe ao fato?

> *Aparentemente,* desde sempre. Ninguém faz o que diz nem diz o que faz — mas todo mundo faz de conta que acredita em todo mundo.
>
> *Realmente, nunca.* Nossos olhos — que veem o outro o tempo todo — não podem se enganar muito, senão nos perdemos de vez.

Daí o conflito permanente entre o que

TODOS DIZEM

e eu OUÇO

e o que

TODOS FAZEM

e eu VEJO!

Esse conflito monstro — que paradoxo! — se resolve, de regra, por cima. Isto é, todos declaram (implicitamente) que DEVERAS importante

É O QUE TODOS DIZEM!

(e que somente uns pouquíssimos fracos de espírito —
os bem ajustados — conseguem fazer)

Mas é preciso acrescentar que a MAIORIA sofre muito com isso. Com o que NÃO faz.

Vivem todos — sempre que se lembram dos OUTROS — a dizer: "Eu sei que devia, mas..."

E ficam assim a vida toda.

Nem EXISTEM nem DESISTEM.

Existem fazendo "o que não é muito certo" e dizendo

A VIDA TODA

que *deviam* fazer de outro jeito.

Nesse sentido, não há no universo conhecido maior ator do que o homem CULPADO.

As cenas que fazemos para PROVAR que fizemos TUDO que podíamos, a fim de conseguir fazer O QUE DEVÍAMOS, são deveras tocantes.

Principalmente quando se descobre — e não é preciso muito para descobrir — que o que DEVÍAMOS fazer

É IMPOSSÍVEL!

Só que a peça dura 70 anos e aí ela fica meio monótona. É espantosa a arte humana de fazer prisões vitalícias. A essa luz qualquer ensaio de ação *diferente* é deveras heroico — messiânico. Mas vamos pensar com clareza.

Falo de ação *diferente* e não ação LIVRE.

Liberdade é uma palavrinha equívoca que faz falar interminavelmente os que gostam de... FALAR interminavelmente.

Prefiro me ater à noção de ação *diferente* das

NORMAS ESTABELECIDAS

no meu

pequeno mundo.

Só isso — que é bem claro.

Mãe solteira, mulher com dois homens (ou mais), nudez fácil, convicção de que Picasso ou Bergman são dois chatos que nada têm a dizer, maior prazer em bater punheta do que em trepar, não gostar de árvores — nem de cães — e quantos mais.

Faça o exercício, leitor. Pense em vários pequenos mundos e de dentro deles fofoque todos os outros. É isso.

Como a gente se sente bem quando alguém fala o que a gente pensa! "Este é dos meus." Como a gente fica feliz se uma coisa em que a gente pensa aparece em livro, num jornal, em um programa de TV, não é mesmo?

Mas, se o que eu penso — ou sinto — é bem escondidinho — como o meu amor por brotinhos bem verdes —, então morro de vergonha *o tempo todo* em que leio *Lolita*. Mas vou até o fim. E releio. Que coragem a de Nabokov. Que sem-vergonhice, que sacana; que bacana, que herói da autenticidade. Que tarado, que santo!

Poder-se-ia esperar — esperar é humano! — que em psicoterapia fosse diferente.

Não é.

Primeiro se "explica" que a culpa que *eu confesso* não é muito minha.

É mais força de circunstâncias. Até aí, muito bem.

Logo depois se apontam meus ERROS — tentando dar a eles nomes quaisquer, menos o próprio.

É a tal coisa de

— Você se esconde

— Você não assume

— Você recalca.

O terapeuta — implícita e malandramente — passa a funcionar como AUTORIDADE — juiz: o que dá nomes novos a velhos pecados.

Malandramente porque ele nega o fato — que é impossível negar. (A tal história do que eu faço e do que eu falo — outra vez.)

Isso não passa de uma substituição de canga.

O que é muito meu mesmo — mas não é muito do meu mundo — passo a reconhecer e a CARREGAR COMO UM FARDO — de culpa — outra vez.

Mas já faz tempo que alguns terapeutas — os melhores — estão entrando no bom caminho (que é o meu, claro).

Em vez de criticar o errado (o que sempre envolve um juiz e um julgamento), o que há por fazer é ajudar a fazer o *certo*. Que é o certo? (desde Pôncio Pilatos...)

O meu certo é:

— favorecer a experiência do diferente (como antes se disse);

— refletir sobre ela.

Isso em uma

ATMOSFERA AFETIVA

de amor — quando possível (quando não é possível o amor, não é possível a terapia).

Que espécie de amor?

Um amor que abraça com

MUITO CUIDADO (sem ansiedade, porém),

MUITA PRESENÇA

e

MUITA PRECISÃO

(OU SUAVIDADE).

O resto não é muito importante.

Se houver ciência e arte, melhor.

Se só houver cuidado e suavidade, já está mais do que bom. Desse modo se consegue favorecer o desenvolvimento, o crescimento, a expansão, a mudança — que ocorre por meio de desagregações e reintegrações periódicas — duras de sofrer. Eis a tarefa. Tudo com muito cuidado. Verificando sempre o que acontece com a pessoa, com aqueles que são importantes pra ela, com seu desempenho profissional — com tudo que lhe sucede ou lhe diz respeito.

MEDITAÇÃO A DOIS — é isso. Nesse curso de desenvolvimento, pode-se apontar o que parece estar atrapalhando e então a crítica é muito bem-vinda, encaixa bem, é útil.

Mas muitas vezes nem precisa. Os "defeitos" desaparecem por mágica quando se está empenhado em crescer.

Basta favorecer o desenvolvimento para que velhos e enrustidos "defeitos", mais os DEVERES anexos, comecem a rachar e desprender-se como cascas de um tronco que na primavera reassume a vida e recomeça a engrossar — a fortalecer-se.

Só o que é funcional permanece — mesmo que a função seja desconhecida. Se resiste, é porque é importante — mesmo que não se compreenda. O que resiste muito não é defeito. Melhor tomá-lo como ponto de apoio. Também a psicoterapia, que é a busca de modelos melhores de relacionamento humano, perdeu um século no velhíssimo

CAMINHO DA FOFOCA

antes de começar um caminho novo — diferente.

Poucos mestres da humanidade foram tão abertos e tão fechados quanto Freud. Autoritário e inseguro — todo inovador é inseguro, se não for fanático —, fez o que pôde para se salvar da oposição dos demais.

Assim descobriu a CHAVE DE OURO de sua CADEIA.

— Todo aquele que discorda da nova crença é porque tem complexos pessoais.

Chave perfeita.

Prisão eterna.

Amém.

26
FOFOCA E ESTATÍSTICA

Introduziremos melhor a tese por meio de uma anedota pessoal. Em certa ocasião, fui entrevistado na TV por um grupo de oponentes muito agressivos. Discutíamos a família. Adiantei algumas críticas sérias e propus soluções radicais. A celeuma provocada pelo programa deixou-me assustado. Nesse dia e durante todo o mês seguinte, recebi telefonemas, cartas e opiniões de duas centenas de pessoas, no mínimo, quase todas extremadas. Recebi desde o xingamento grosseiro direto até os mais entusiásticos elogios. Aos primeiros pareceres, fui me assustando cada vez mais — digamos, até o quinquagésimo. Depois, pouco a pouco, fui me tranquilizando.

Minha tranquilização se devia muito definidamente a um processamento algébrico das opiniões ouvidas.

Se eu representasse cada opinião como um vetor ou como uma quantidade algébrica (com sinal positivo para os pareceres a favor, e negativo para os contra), *nos dois casos a soma seria nula.* Minha posição, pois, tinha tantas vantagens quanto inconvenientes, tantos pontos contra como a favor, era tão apreciada quanto detestada, tão perseguida quanto seguida.

O caso pode ser generalizado. Dada uma proposta para a resolução de um problema humano, se consultarmos um bom número de pessoas para que opinem a esse respeito, sempre chegaremos à conclusão de que a proposta tem tantos pontos a favor quantos contra. Não nos importa de momento o *número de pessoas* que adotam *cada* opinião. Esse lado importaria demais ao político democrata. Nesse caso, cada opinião teria o valor de um voto.

Para a nossa tese interessa apenas o número de respostas diferentes — ou a variedade das respostas. É nesse universo que as divergências se anulam duas a duas e a resultante tende sempre a zero.

Estamo-nos movendo em uma área de convenções. Representar uma opinião por um vetor tem cabimento, mas na certa pode ser discutido. Escolhemos o vetor porque ele serve para caracterizar *tendência*, isto é, certa direção e sentido da resposta. De momento, essa verdade analógica nos basta.

Em grupos de psicoterapia, sempre que um dos participantes propõe um episódio pessoal para exame, o somatório das opiniões ouvidas tende continuamente a zero — se admitirmos que cada opinião está ligada a um movimento em certa direção, com certa força e certo sentido.

Deliberar é um termo que provém de "libra", *peso* que se usava para pesar mercadorias em uma balança. Deliberar é estabelecer o peso relativo das razões, dos motivos e das metas ligadas a uma decisão. É "balancear" as razões. Está suposto que essas razões e motivos são vários e relativamente divergentes. "Ponderar" tem o mesmo sentido de deliberar: dar peso ou estabelecer o peso. Razões "graves" para uma decisão supõem o mesmo esquema, desde que "grave" signifique "pesado".

Fica estabelecido, pela casuística e pela reflexão sobre situações de decisão, que cada curso de ação sempre é visto, por várias pessoas, como passível de números praticamente iguais de argumentos ou motivos a favor e contra.

A segunda premissa vamos buscá-la no diálogo interior.

Quando discuto comigo mesmo se vou ou não vou realizar tal ato, se decido a favor de A ou de B, ocorre algo de muito semelhante à tese prévia: surgem em minha mente tendências várias e divergentes. Eu hesito, duvido, fico incerto — isto é, balanço, movido de cá para lá pelos vários motivos, tendências e hábitos que são partes de mim.

Quanto maior o número de informações de que disponho, e quanto maiores o número e a variedade de pessoas que intervieram na minha formação, maior a tendência à paralisia. Isto é, maior a probabilidade de eu ficar imóvel, desde que os muitos pareceres interiores tendam, eles também, a formar conjuntos de resultante nula.

Em um mundo como o nosso, no qual frequentemente se espera que as pessoas justifiquem seus atos com razões, é importante não se informar muito e evitar opiniões divergentes. Caso contrário, decidiremos cada vez menos, tendendo cada vez mais a permanecer na perplexidade.

Ou não seremos capazes de "explicar" a ninguém — nem a nós mesmos — o que fizemos e o que deixamos de fazer.

Se em grandes empresas se chega a conclusões e diretrizes gerais, é porque nelas

TODOS ESTÃO INTERESSADOS NAS MESMAS METAS.

Por isso há um nível de *acordo* suficiente para que se chegue a conclusões.

Se os consumidores e os fornecedores TAMBÉM estivessem presentes à mesma reunião, porém...

Há uma alternativa para a indecisão. É o que os místicos medievais chamavam de estado de *liberdade de indiferença*.

Para quem ama a Deus, só a vontade de Deus importa — essa era a lição ensinada. Por isso, o fiel precisava "matar" todos os seus desejos pessoais, a fim de obedecer ao Criador com perfeição.

Ao conseguir essa morte — ninguém discutia se *isso era possível* ou não —, *qualquer* curso de ação era tão bom ou tão mau quanto *qualquer outro* curso de ação.

Os hindus, mais sábios, diziam o mesmo, mas ao contrário. É *preciso viver até o fim* tudo que queremos e desejamos para *depois* nos sentirmos livres. Tendo experimentado de tudo e à vontade, não teremos mais *ilusões* em sentido próprio.

Teremos aprendido, no curso da AUTORREALIZAÇÃO, que todo prazer tem dor e toda dor tem prazer.

Ficamos — de novo — indiferentes.

Mas convém notar que, tanto para a mística ocidental quanto para a sabedoria oriental, essa santa indiferença é o que vem *no fim* — tardiamente; e vem se nós a buscamos — e com muito empenho. Enquanto ela não existe, somos continuamente *jogados* de cá para lá pelos nossos desejos e temores. Pior do que isso, estamos constantemente dividindo coisas, atos e pessoas em boas e más, certas e erradas, amigas e inimigas.

Para *não* fazer fofoca, portanto, é preciso ser iluminado.

Só o iluminado se aceita por inteiro e aceita por inteiro sua relação com os outros — que também é amorosamente odiosa em um ato só. Qualquer momento e qualquer encontro

é bom **E** mau
satisfaz **E** incomoda
é familiar **E** estranho.

Podemos chegar aos mesmos fatos por outro caminho, familiar às ciências biológicas e humanas.

O princípio que explica a diversidade de opiniões e, ao mesmo tempo, seu valor global nulo é o da

DIVISÃO DO *TRABALHO*.

Parece ser melhor que existam no mundo pedreiros, jornalistas, donas de casa, filósofos etc. Fazendo SEMPRE e MUITO de uma atividade só, terminamos por fazê-la *muito bem* — o que

É BOM PARA TODOS

(mas não para cada um.

Um padeiro é
só
padeiro — o que é pouco em relação ao muito que ele poderia ser/fazer).

Em biologia, temos os órgãos e tecidos com suas especializações funcionais — o que, de novo, eleva a atividade específica a altos níveis. Os neurônios conduzem, os olhos veem, os néfrons filtram/concentram, os túbulos seminíferos produzem espermatozoides etc. Ainda não nos acostumamos a pensar do mesmo modo em relação à família e ao grupo de convívio direto e frequente das pessoas. Os atuais estudos sobre família — início em Freud e fim (atual) em Cooper e Laing — mostram claramente, se aprendermos a ver, que na família existem

ESPECIALIZAÇÕES
— de papéis
— emocionais.

Em *qualquer grupo de convívio frequente* vão surgindo pai e mãe, os emocionais e os intelectuais, os impulsivos e os inibidores, o bom menino e a ovelha negra, o tagarela e o quietarrão.

De outra parte, o princípio do *feedback* explica muito bem essas especializações, como elas se formam e, sobretudo, como persistem e se reforçam constantemente.

Na dupla matrimonial, por exemplo, quanto mais a mulher é tagarela, mais o marido é alheado; quanto mais o marido se alheia, mais a esposa fala, "querendo" chamá-lo para si. Quanto mais ela fala, mais ele "desliga".

Se o marido é mandão, a mulher se intimida. Quanto mais ela se encolhe, mais ele é prepotente e, quanto mais ele é prepotente, mais ela se encolhe.

São esses ciclos de reforço recíproco — que hoje começam a ser bem estudados — que mantêm a

ESTRUTURA SOCIOPSICOLÓGICA
dos grupos de convívio.
Veja-se que tais ciclos só podem subsistir dentro da hipótese de especializações emocionais: se cada um for *uma coisa* só, ou poucas, enquanto o outro é *outra* coisa.

No último exemplo, o marido é "especialista" em mandar, e a esposa é "especialista" em obedecer.

Prepotência e subserviência são papéis sociais complementares. Uma atitude/sentimento desperta, mantém e estimula a/ou outra/o E VICE-VERSA.

Sartre foi um dos primeiros a assinalar esse processo. Hoje ele tende a ocupar lugar de destaque na área das ciências humanas. Enquanto houver a especialização dos papéis psicológicos e/ou sociais, haverá fofoca porque todos — ou a maioria —, sendo

BEM MENOS DA METADE

deles mesmos, estarão indissolúveis, amorosa e odiosamente ligados a

TODOS OS OUTROS.

Também se pode dizer que essa divisão de coisas — que parece muito infeliz — está ligada à palavra, à fala.

Foucault já disse: dar nome é CLASSIFICAR. Isto é, dar nome é FORMAR um grupo de coisas, que no ato de receber um nome fica SEPARADO de tudo o mais.

Muitas palavras, muitos grupos DIFERENTES, muita GUERRA entre os grupos. Porque até hoje classificar é criar hierarquias para que todas as coisas caibam nas palavras (veja-se que pretensão).

Depois de criar mil grupos de coisas com mil palavras, começa o trabalho de ordenar os grupos, e aí um tem de vir antes e o outro, depois, um "precisa" estar acima — ser superior — e o outro fica embaixo.

As classes lógicas — assim chamadas — reproduzem as classes sociais, e fica impossível saber

QUEM COMEÇOU A GUERRA.

(Isso é estruturalismo — digo aos ignorantes. É dialética também. Outros falam de funcionalismo. Em suma, é uma

COISA SÉRIA

que tem *status* intelectual em nosso universo.)

Mas as ordens lógicas se confundem tanto quanto as fofocas. Pelo seguinte: as palavras se referem a aspectos parciais das coisas.

Leite e cal são BRANCOS. Mas leite e cal mostram várias outras qualidades além de branco. O leite é um coloide, é orgânico, é nutritivo. A cal é uma solução, é mineral, é cáustica.

Como todas as coisas têm múltiplos aspectos — muitos deles com nome —, no fim de nossas classificações cuidadosas obtemos saladas tamanho família porque uma rigorosa classificação

LÓGICA

se refere a qualidades abstratas (parciais) e jamais a objetos concretos.

É como um quebra-cabeça que, em vez de servir para brincar, classifica cada peça pelo número, pela forma e pelo tamanho das saliências. Claro que assim ele jamais obterá o quadro mais amplo. Esse impasse é o que mantém as pessoas falando e o homem pensando. E leva as pessoas a fazerem fofoca.

Entre as pessoas há muitas diferenças.

Primeiro, naturais, hereditárias, genéticas.

Depois, sociais, dependentes do todo-poderoso núcleo familiar (cada família um pensamento), da escola, do professor, da TV, do bairro, do autor favorito, do último filme de sucesso etc.

Enquanto as pessoas estiverem consciente ou inconscientemente

QUERENDO QUE TODOS SEJAM COMO ELAS

— numa guerra-jogo contínuo de impor ao outro a própria vontade ou os próprios costumes —,

haverá fofoca no mundo.

O começo subjetivo e individual da fofoca é sempre

O ESPANTO

diante do que

o outro fez (ou diante do que eu imagino que ele fez) de

DIFERENTE de mim
— de diferente do que eu faria.

Se eu sou pai de família — e um pai de família não pode cobiçar a mulher do próximo —, então se outro pai de família (isto é, da MESMA classe logicossocial que eu) cobiçar a mulher do próximo, ele SAIU de sua classe. Na verdade, saiu da ideia *que eu* faço da minha classe. Desse jeito ele perturba tanto minha

POSIÇÃO SOCIAL
quanto minha capacidade de

ORDENAR FATOS LOGICAMENTE.
A meus olhos, ele ficou, a um tempo só
— socialmente marginalizado
— logicamente impossível (contraditório).

Claro que toda essa confusão é apenas verbal e convencional, mas, como somos acima de tudo animais tagarelas e sociais, a confusão perturba a todos.

Com o tempo, quando vamos sabendo mais e mais de uma pessoa (como no casamento e nas longas amizades), ela se torna contraditória quando situada nesse contexto sociológico que um belo dia descobrimos que ela não é nada daquilo. Ela é

INDIVÍDUO
— o tal que é único.

Portanto, sujeito a mil atribuições genéricas — de muitos modos opostas, divergentes ou contraditórias. Inclassificável.

A pessoa é um bom pai de família, mas tem amante; em negócios, é honesto — *quase* sempre; no pôquer, blefa quanto pode; é muito simpático com estranhos e indiferente com os familiares (mas às vezes é o contrário); empenhado na profissão, mas um boa-vida nos fins de semana; inteligente no que lhe importa e inexpressivo diante do resto... Quanto mais tempo de observação, maior a lista de atributos difíceis de conciliar. Isto é, mais difícil distribuir os itens da lista num esquema verbal que pareça um bom quadro sinótico — como os que existem nos livros didáticos, aquelas divisões completinhas que incluem "tudo" que se sabe a esse respeito, e tudo bem-ordenado, relacionado e explicado. (Claro que essas coisas só existem em livros didáticos — e em nenhum outro lugar do universo conhecido.)

É preciso viver e refletir muitas vezes o impasse SOCIOLÓGICO para perceber — enfim! — que as classes lógicas e sociais são isto mesmo: verbais e convencionais.

São assim, mas podiam ser diferentes — e provavelmente ninguém morreria em virtude disso. As muitas formas culturais já surgidas provam o ponto.

Aí — quando se chega aí — jogamos as classes SOCIOLÓGICAS no lixo e começamos a interagir de indivíduo a indivíduo.

— de real a real.

É a iluminação.

Então a gente sossega.

Porém, quando bate o medo, é medo — sem explicação.

Sem apelação.

Se é amor, também.

Se é tristeza, nem se fala.

27
O ARAUTO

O momento da fofoca é sempre a clarinada brilhante de uma revolução perplexa. É preciso dizer assim mesmo: o *momento* da fofoca, porque todos nós fazemos fofoca às vezes, de um jeito ou de outro, sobre este ou aquele. Quem consiga impedir-se, com grande cuidado, de fazer fofoca explicitamente na certa não consegue esquivar-se de todo à fofoca de dentro, à sua conversa oblíqua com o próprio superego. Mesmo ele, quando fala sozinho, dá explicações a si mesmo, justifica-se, pede desculpas ou tenta provar que é ótimo... Não há, pois, fofoqueiros e não fofoqueiros.

SOMOS TODOS FOFOQUEIROS.

O momento da fofoca é sempre revolucionário. Sempre que o comportamento de alguém chama a atenção por ser diferente daquele que se espera, a pessoa se faz objeto de fofoca. Quando comento o que vi ou o que me disseram, estou antes de mais nada difundindo a notícia de que alguém teve coragem — ou foi bastante desavergonhado — para fazer aquilo que é proibido ou que não se deve.

Ao falar sobre o comportamento que diverge da lei ou do costume (comportamento revolucionário em sentido próprio), estou fazendo que, pela difusão, ele venha mais facilmente tornar-se lei no futuro.

É simples ver que o fofoqueiro está sempre pondo à prova a pessoa com a qual fala, testando sua posição, procurando inconscientemente saber se o fato proibido encontra boa ou má acolhida em quem o ouve.

Todo fofoqueiro é um experimentador emérito que vive fazendo IBOPE a respeito de comportamentos não conformistas.

Se ele também se sente inclinado a sair dos trilhos, toda boa acolhida à sua fofoca o fará mais contente. Se, ao contrário, estiver COM MUITO RECEIO DE SAIR DOS TRILHOS, então toda boa acolhida à fofoca o deixará desesperado.

Mas é bom não esquecer nunca que a fofoca é uma espécie de conspiração cósmica, isto é, um trabalho tido e havido como muito secreto, mas que todos fazem e todos sabem que todos fazem.

Se duvidarmos que o maledicente cumpre a função de ESPALHAR A REVOLTA contra o estabelecido, lembremos o que se faz nos Estados totalitários. Neles se proíbe com grande rigor que alguém fale seja lá o que for de diferente da cartilha aprovada. Os dirigentes sabem muito bem: mesmo quem espalha notícias contra, apesar disso, espalha, e muitos, previamente ignorantes, passam, depois de recebida a notícia, a pensar se eles também não poderiam fazer o mesmo.

Ainda de outro modo, o momento da fofoca é o momento do arauto. O hábito e a rotina trazem a inconsciência — sabemos. Acordaremos com o tique-taque do despertador se ele parar de repente ou se, de repente, se fizer mais forte. Quando alguém faz um ato digno de merecer fofoca, esse fato deve ter sido uma quebra da rotina, do regulamento ou do costume. Certo ou errado, o ato fofocado é inerentemente vivo enquanto novo ou novidade.

É O NATAL!

É o nascimento da ação capaz de nos libertar do velho e do rotineiro.

Tudo que é monótono acaba sendo mal percebido. Não só percebemos bem o que acontece de surpresa — porque "interessa" — como percebemos a nós mesmos no mesmo ato como mais vivos do que no momento anterior.

TRATADO GERAL SOBRE A FOFOCA

Diante do monótono, não nos sentimos ou nos sentimos mortos. Diante do inesperado, acordamos e vivemos. Por isso, no momento da fofoca, transmitimos a chama sagrada da vida... Não tendo ânimo de fazer aquilo que criticamos, participamos não obstante da variação salvadora, pensando nela, comunicando-a a outros, observando sua reação à vida que comunicamos. No momento da fofoca, vivemos o fato condenado sem nos comprometermos nem nos arriscarmos. O protagonista foi outro. Somos apenas auditório. Mas estamos experimentando, nem que seja tangencialmente, por identificação, aquele pecado contra o estabelecido.

Com o tempo poderemos até nos animar a fazer como o fofocado se a fofoca nos interessar suficientemente, se estivermos de olhos e ouvidos bem atentos àquilo que todos fazem de proibido na mesma área, se falarmos para muitos aquilo que soubemos deste ou daquele.

Com a fofoca, acontece mais uma vez a história do aprendiz de feiticeiro. Um belo dia aprendemos a fazer a mágica — o ato contra o costume — sem compreender o que nos levou a uma ação tão desatinada — que antes condenávamos tanto.

Fazer fofoca é o primeiro sinal do interesse, do desejo e da tentação.

FOFOQUEIROS — CUIDADO!

28
A ÚNICA DEFESA EFICAZ CONTRA A FOFOCA

É ir dizendo logo tudo sobre
a vida da gente — a qualquer um — em
qualquer lugar, a qualquer hora.
É ir contando o que acontece com a gente
como se a gente estivesse
fazendo fofoca de si mesmo o tempo inteiro.

Com isso a fofoca sobre a gente não para — muito
pelo contrário!

Mas a gente deixa de se incomodar com ela!

É que aí é tudo de verdade.

29
PSICANÁLISE E FOFOCA

Hoje ela é tão familiar que ninguém mais se dá conta de ATÉ QUE PONTO É ESTRANHA

A PSICANÁLISE.

O estranho da psicanálise é que ela é

CEGA

— por querer, por método.

Do jeito como ela é feita, terapeuta e paciente se veem muito pouco e muito mal, pois, se eu vejo o outro "de cabeça para baixo" — como o psicanalista vê a pessoa no divã —, então não sei compreender suas expressões de rosto nem seus gestos.

Freud não GOSTAVA de falar com as pessoas OLHANDO PARA ELAS — é o que dizem todos os seus biógrafos.

Além disso, ele não PERMITIA que o paciente olhasse para ele — pois nesse caso o paciente poderia controlá-lo, saber se ele estava atento ou não, interessado, indignado etc.

Freud era muito autoritário e sua sociedade herdou dele — em grau sumo — essa característica.

Como pode um cientista deixar de observar aquilo que se propôs estudar?

É como se Freud tivesse dito a si mesmo: "Não gosto de ver gente, não quero que me vejam. Quem está vendo e sendo visto acha-se dentro de um sistema de controle recíproco, e eu não quero ser controlado. Quero controlar sozinho".

AUTORITARISMO — é isso.

Depois — DEPOIS — vieram as teorias, as explicações, as justificativas — como sempre. Quero dizer que as explicações vêm sempre depois.

Mas o fato subsiste:

A PSICANÁLISE — O PSICANALISTA — NÃO QUER *VER* GENTE.

Só ouvir — mais nada.

Palavras cruzadas. Charadas. Frases enigmáticas. Psicanalista gosta de passatempos. Claro. Para aguentar uma vida assim — de ouvir histórias sem fim —, quase todas iguais, só arrumando um passatempo — que se chama interpretação.

Se ele olhasse o paciente, poderia ver quase tudo de que vive falando. Os complexos "estão na cara", como toda esposa, toda mãe e todo policial sabem muito bem. Podem-se ver facilmente as emoções das pessoas, mesmo aquelas que são negadas em palavras.

Reich demonstrou clinicamente o que era evidente à primeira vista, faz já mais de 80 anos — OITENTA anos! E, afinal, era um psicanalista de primeira linha quando publicou a *Análise do caráter*.

Parece que ninguém desconfiou de uma coisa: as objeções dos psicanalistas contra Reich não estão no campo doutrinário nem político. Estão primeiro no campo sensorial: *aceitar a Reich significa começar a acreditar nos próprios olhos*. Significa perceber que o inconsciente "está por fora", em todas as expressões corporais e nas inflexões de voz. Depois, se as inibições ditas psicológicas estão no corpo e se manifestam principalmente como tensões musculares crônicas localizadas, talvez *a massagem corporal* ajude a resolver a resistência. Mas aí esbarram, os psicanalistas e o povo todo, com o maior tabu do homem ocidental, que não é sexo, homem nem agressão.

O maior tabu do homem ocidental é *o contato com o corpo do outro.*

Todo civilizado que se preza, que tem boas maneiras e cultura, que foi bem-educado em casa e na escola precisa se comportar

NECESSARIAMENTE
como se seu SEMELHANTE fosse
UM LEPROSO.

Jamais — JAMAIS!!! — se toca o leproso — isto é, o outro, meu irmão, obviamente, pois tem dois olhos, um nariz, uma boca e um corpo notavelmente parecido com o meu.

À luz de princípios, de regras e de proposições teóricas importantes,

A PSICANÁLISE POR TELEFONE SERIA O IDEAL.

O olhar é muito perseguidor — dizem os melhores psicanalistas. Claro que o olhar é muito espião e policial. Claro que todo mundo vive vigiando e controlando todo mundo.

Mas por isso vamos dizer "Não quero que o olhar exista"? *Decreto* que no meu mundo não há olhar? Não *admito* o olhar em minha vida?

Temos aí operando o mais primitivo dos processos que desembocam na loucura: a NEGAÇÃO, própria de esquizofrênico, de criança com 1 ano e meio ou 2 de idade, de avestruz e de psicanalista. "Fica lá, deitado; assim eu PROVO que o olhar não existe."

O que é que adianta não querer ver? O olhar está aí — o olhar que percebe tudo em um instante.

Quem não aprende a viver COM o olhar — ou não consegue —

NÃO SABE VIVER
— é óbvio.

Só saber FALAR não adianta muito.

O que é pior? Ser mudo ou ser cego?

Quase tudo que se diz e se ouve em psicanálise em todos os consultórios do mundo

É FOFOCA.

Nem mais nem menos. A pura e original. A de dentro.

Não riam, companheiros. Estou declarando o que é. Após o riso, compreenderão a tragédia:

NINGUÉM QUER VER NADA

— Freud é apenas o expoente da tendência, o modelo histórico eminente.

A maior obsessão de Freud foi o complexo de Édipo. O drama original grego ia muito além do incesto, mas só este prendeu Freud. Por quê? Dizem seus amigos — críticos: porque Freud nunca se desprendeu de todo de sua mãe.

Na voz de todos os seus biógrafos, Freud era um edipiano.

Mas essa é a explicação novelesca — aquela que se dá DEPOIS do fato.

Há um caminho melhor. Qual o castigo de Édipo pelo incesto?

A CEGUEIRA

— produzida pelas PRÓPRIAS mãos.

Freud não aceitou a condição básica do convívio humano: somos semelhantes.

Ninguém é o único ou o maior em todas as coisas — nem permanentemente, como se dizia do faraó e do imperador do Celeste Império.

Somos todos iguais não porque isso seja bonito, cristão, democrático ou desejável. Somos todos

SEMELHANTES

porque esse é o dado SENSORIAL mais
fundamental e mais frequente oferecido pelos OLHOS, em *qualquer* situação que envolva duas ou mais pessoas.

O primeiro degrau da ALIENAÇÃO — condição para todos os outros — é, claramente:

Eu *não* sou semelhante a meu semelhante.

PORTANTO, posso fazer o que me aprouver CONTRA ele.

Ele é bicho. Posso matá-lo, explorá-lo, degradá-lo.

A mais incompreensível das mágicas sociais, a meu ver, é aquela que permitia a um patrício romano ou a um nobre grego dizer:

COMO OUSAS PENSAR QUE SOU SEMELHANTE A UM ESCRAVO?

Essa indignação era tamanha porque a coisa

MAIS EVIDENTE DO UNIVERSO

era precisamente a oposta: o escravo
era MUITO SEMELHANTE ao seu
senhor e TODOS ESTAVAM MAIS DO
QUE CANSADOS DE SABER DISSO.

A fim de *não descobrir* o perseguidor/denunciador implacável que é o olhar, Freud ocupou o seu lugar

CEGANDO-SE, porém

— Édipo que arranca os próprios olhos (a fim de não ver... o que acabou de fazer!).

Por ter excluído o olhar, a psicanálise se fez FOFOCA — tudo isso e nada mais do que isso. Porque a fofoca resume o descontentamento de todos diante de

TUDO QUE NÃO EXISTE

(de tudo que é proibido fazer).

Com que paciência esse homem ouviu gente durante meio século. Sempre as mesmas histórias
dramas
tragédias
lorotas, fofocas, fofocas, fofocas...

Sempre as mesmas coisas. Tudo que a gente NÃO FEZ para ser feliz e tudo que a gente FAZ DEPOIS para se consolar do costume de ser infeliz.

Deixe qualquer pessoa falar livremente e em cinco minutos ela estará fazendo fofoca. Deixemo-la falar quanto quiser — homem ou mulher, tanto faz — e ela fará fofoca pelos séculos dos séculos. Amém.

Por isso é que se discute a ANÁLISE INTERMINÁVEL.

Ser gente, afinal, é ser o prisioneiro que só sabe falar de sua cadeia como se ela fosse

A PRÓPRIA LIBERDADE!

Que ouvia Freud?

Sempre FAMÍLIA, prestígio, amor, FAMÍLIA, sexo, tédio, FAMÍLIA, angústia, dinheiro, FAMÍLIA, depressão, culpa, FAMÍLIA... Mais nada.

A PSICANÁLISE É A TEORIA DA FOFOCA
(de tudo que é reprimido em todos).

Mas a fofoca psicanalítica é um pouco diferente da usual.

Classicamente, o psicanalista DEVE SEMPRE achar OS PIORES MOTIVOS que levaram a pessoa a fazer assim ou assado. Achar os piores porque os melhores, acredita-se, a pessoa descobre logo — e sozinha. Daí que nove décimos das interpretações psicanalíticas sejam do tipo:

Você está com inveja de
Você está com ciúme de
Você está querendo trepar com
Você está querendo enganar
Você está humilhado por
Você está com medo de
Você está com raiva de
Você está se defendendo
Você está fugindo
Você está resistindo.

(Esquecem todos que a gente só resiste quando tem alguém empurrando ou puxando.)

Fazer psicanálise é ouvir tudo que já foi dito e pensado da gente desde que nascemos — MAS POR PARTE DE NOSSOS PIORES INIMIGOS.

Não é graça, não. É a técnica quase perfeita da ala mais avançada da psicanálise ortodoxa.

ENFRENTA TEUS INIMIGOS INTERNOS — dizem eles.
Eis uma bela proposta.

Você vai sentir todos eles em mim, quer eu queira, quer não — diz o terapeuta —, por meio da famosa TRANSFERÊNCIA.

O que é fofoca senão isso? Fofocar é "descobrir" — com muita sagacidade — as RAZÕES SECRETAS, inconscientes, é claro, que EXPLICAM tudo que a pessoa faz, sente, sonha e diz.
Qual a diferença entre a fofoca erudita e a popular?

O psicanalista honesto e capaz

FAZ FOFOCA NA CARA DO FREGUÊS

(quer dizer, não é bem na cara, pois o tempo todo o psicanalista está ESCONDIDO atrás do paciente. Mas é na hora certa e muitas vezes é bem falado).

O psicanalista é a voz de uma CONSCIÊNCIA FDP — igualzinha à que a gente já tem dentro, só que muito pior.
Com toda a idoneidade científica e fidelidade ao mestre, pode-se dizer que o psicanalista será visto pelo paciente — queira ou não —

COMO O MAIOR FOFOQUEIRO DE TODOS: o que interpreta tudo que eu faço da pior maneira possível.

Nada de extraordinário que seja assim.

A psicanálise se propôs, desde suas origens, a descobrir e apontar tudo que é

REPRIMIDO na personalidade.

Há bibliotecas escritas sobre repressão. A definição mais simples diz assim:

REPRIMIDO é tudo de que NÃO SE FALA EM PÚBLICO (não existe publicamente)

— só em particular.

Exatamente o que a fofoca faz.
O erro não está aí. O erro está em achar que o que se REPRIME é ERRADO.

Reprimido é tudo aquilo que me passa pela cabeça e faria os próximos reagirem com estranheza — se soubessem.

Só ISSO.

O reprimido é falta de costume — costumes que fazem falta — para que o mundo se torne melhor, mais completo.

Quero declarar que na certa eu amaria muito ao velho mestre se seus discípulos menores não o houvessem transformado em um mito inacessível, acabado, sobre-humano e RENDOSO.

Quase todo o meu azedume diante do Mestre NÃO É PELO QUE ELE FEZ.

É pelo que deixou de fazer.

E tenho para mim que, se lhe apontassem o fato — dos olhos —, ele o apreciaria devidamente.
Mas — sabemos — as peculiaridades do Grande Homem se fazem RITUAL para seus seguidores menores. E aí só com dinamite para desentupir o ralo.
Os que apreciam o Mestre logo se precipitam: mas falar é muito importante!

Claro que é. Mas o falar vale quanto valem os olhos, nem mais, nem menos.

Quem não sabe ver não fala de coisas nem de pessoas. Fala só palavras. Fala sozinho. É uma gravação, como diz a Análise Transacional — gravação de fita.

É um PROFALADO — programado para falar, falar, falar...

Por que Freud disse que o inconsciente não tem dimensões, é aparentemente ilimitado, amoral, alógico, insensível ao princípio de não contradição etc.?

Disse isso porque QUALQUER UM PODE DIZER O QUE QUISER — BASTA ALINHAR PALAVRAS. Se o conjunto tem sentido, já é outra conversa — que as palavras não podem ou conseguem estabelecer. Só os fatos — *vistos*.

Para ele — que só ouvia —, o inconsciente só podia significar PALAVRA — e, com essa, as pessoas fazem o que querem. Para quem só ouve/fala, o inconsciente

NÃO TEM CONFIGURAÇÃO.

Só há figura em sentido próprio quando se considera o olhar.

É por isso que a melhor parte da psicanálise foi o estudo das fantasias e dos sonhos — que são frutos do olhar, que a psicanálise nega!

Por que Freud não quis ver?

30
FOFOCA E INFÂNCIA

Há três fatos fundamentais na infância de todos nós — grandes na duração, na frequência e na força. Portanto, de grande influência sobre a personalidade DE TODOS. O primeiro é o aprendizado da língua — dos 2 aos 5 anos mais ou menos. Hoje a linguística mostra com certa clareza as correlações básicas entre

PENSAR E FALAR.

Não são a mesma coisa, mas interagem dialeticamente.

Se o pensamento novo não encontra palavras (ou figuras visuais), não se faz comunicável

— nem da pessoa para os demais
— nem da pessoa para consigo mesma.

Sem palavras — ou imagens —, o pensamento permanece implícito. É mais pressentimento, "parece-me que", "pode ser que".

Mas não é.

Não pode ser DECLARADO. *Não serve para tomar posição* DEFINIDA.

As palavras — e as figuras visuais — são as coordenadas EM RELAÇÃO ÀS QUAIS o pensamento VAI SE FORMANDO.

Grande número de pessoas *forma poucos* pensamentos — explícitos, originais e pessoais — durante a vida. A maioria limita-se a repetir as frases feitas, comuns em seu mundo próximo — de gente, TV, jornal etc. Para estes, aprender a FALAR = aprender a PENSAR.

Ao aprender a língua, a imensa maioria dos seres humanos se faz ESCRAVA do pensamento *aceito* em seu mundo.

Ao aprender a falar, ele absorve a visão (preconceituosa) de mundo dos seus familiares e, depois, de seus conterrâneos.

COLETIVIZA-SE em um dos mais profundos sentidos da expressão: PENSA IGUAL a quase todos.

É aí, é assim e é então que seus desejos e inclinações pessoais sofrem a primeira grande poda.

Pois o principal do aprendizado da língua está na distinção entre

O QUE É IMPORTANTE

(que merece um nome)

E O QUE NÃO É

(que não merece um nome).

O que não tem nome NÃO EXISTE

— COLETIVAMENTE.

É particular, pessoal, subjetivo, indigno de confiança, não existe, não importa, é acidental, circunstancial, é impressão, imaginação sua, engano seu.

É como as mil formas que as nuvens assumem em sua caminhada suave pelos céus.

Quem perderá tempo considerando

— dando nomes —

as mil formas caprichosas das nuvens?

O que é individual diante do que é coletivo. O indivíduo e suas variações — não é muito semelhante à nuvem?
Assim começa a repressão COMUM A MUITOS.

O que é só meu, e o que é só um instante, o que acontece uma vez só

— quem vai ligar para essas bobagens?

COM QUEM falarei a esse respeito?

Só com o psiquiatra,

reconhecendo que endoideci
e pagando caro.

Só com o amigo,

que me aceita inteiro desde o começo.

Se não tenho com quem falar, se nunca falo do que é mais meu, acabo esquecendo de mim.
É O QUE ACONTECE COM QUASE TODOS.

A psicanálise demonstra bem até que ponto as pessoas

NÃO são ouvidas.

(Será preciso ouvi-las durante séculos de psicanálise para que voltem a sentir que existem.)
O preço da psicoterapia mostra bem até que ponto as pessoas

NÃO

estão dispostas nem preparadas para ouvir os outros.

Os bons resultados da psicoterapia "centrada na pessoa" (Rogers) mostram como é importante SER BEM OUVIDO. Ouvir bem não é apenas saber o que o outro disse. É estar presente por inteiro, captar o tom de voz, a expressão de rosto, o contexto verbal (o assunto), o contexto vital do que fala (seu presente, os fatos principais de sua vida — na sua estimativa).

Aí a gente chega a acreditar no outro. E ele chega a acreditar na gente.

O segundo fato básico sobre a socialização da criança é o início do SOLILÓQUIO — próximo dos 5 anos. É nessa idade que ela adquire a originalíssima capacidade de

FALAR CONSIGO MESMA.

Piaget e Vigotski — os dois — são as testemunhas.

É nessa idade que, segundo Freud, cristaliza-se o superego, completa-se a identificação do moleque com o pai (geralmente). Freud, porém, não disse quase nada a respeito da influência psicológica do aprendizado da língua. O superego, mais do que processo afetivo, é fenômeno linguístico.

Em resumo e como regra,

NINGUÉM OUVE (BEM) A VERDADE E TODOS FALAM
SOZINHOS COM OS OUTROS DE DENTRO.

Somando esses dois fatos, alcançamos uma das verdades centrais da psicologia humana — dentro da nossa forma social:

A conversa de dentro e a de fora são muito semelhantes, igualmente indiretas, cheias de insinuações tendenciosas, equívocas. A de dentro, como tão bem a descreveu Vigotski, é mais compacta e mais simples porque o interlocutor de dentro "sabe" do que eu estou falando e porque a referência básica é sempre o EU. Posso, com ele, falar mais curto. Parece a conversa entre dois *velhos* amigos — ou dois *velhos* inimigos.

Por isso é *bem mais fácil* enganar a si mesmo do que ao outro. O outro pode checar o que digo. Eu mesmo, comigo, só muito raramente. Inclusive, é difícil checar a si mesmo.

Mas, *antes* da aquisição da língua, há a aquisição da voz. A criança, assim que começa a emitir os primeiros sons, tende a *imitar* o que ouve.

Primeiro, a voz de mamãe, que está sempre por aí — e sempre falando...

É como quando aprendemos a cantar uma nova música. Primeiro balbuciamos a melodia propriamente dita e depois, pouco a pouco, vamos colocando a letra nesse leito musical.

Quando a criança começa a falar as primeiras palavras já tem muitas trilhas sonoras gravadas por imitação.

Ela tende a "falar como mamãe" (em grande parte). Está *vocalmente* identificada com a Todo-Poderosa.

Acontece, desse modo, mais um fato importante: como a *música* da voz é ditada pela *respiração*, se "canto" minhas falas como mamãe, *respiro* como ela.

O valor desse fato está na VOZ DA CONSCIÊNCIA (que começa a se formar aos 5 anos, mais ou menos, como vimos).

Ela soa como a voz de mamãe e, se eu **não** concordar com ela, sinto-me **ameaçado** de **asfixia** — angústia.

A essa metafísica da fala, da respiração e da angústia, convém acrescentar o mais corriqueiro — que nem por isso é menos dramático.

"Menino, tire a mão daí"

é o próprio refrão materno, em todas as latitudes e longitudes.

OLHAR — PROIBIR

eis a mais típica das ações maternas.

É daí, é assim e é então que começa o ciclo de vigilância-fofoca de que falamos tantas vezes.

É assim, incidentalmente, que se explica outro fato curioso. Quando queremos desmerecer alguém, dizemos que ele fez isto ou aquilo "só para aparecer", "só para chamar a atenção".

Dizemos a frase com um certo ar de pouco-caso — como se fosse coisa de criança.

No entanto, é da experiência de todos que todos gostam de chamar a atenção. E o fazemos de mil modos diferentes, inclusive pela modéstia.

O paradoxo — que mamãe explica — é este: todo mundo gosta de ser centro, mas em 99,7% das vezes, quando estamos no centro, ficamos embaraçados.

Prova: 99,5% das entrevistas de TV.

(Só não nos embaraçamos ao lutar para assumir e controlar *a conversa* nossa de todo dia. Aí somos quase todos desavergonhados.)

A infância se encerra com luto — dos mais pesados.

Não sei de nenhum autor consagrado que tenha falado da seguinte angústia infantil — a meu ver a mais profunda e a de maiores consequências para o indivíduo (como sofrimento) e para a sociedade (como falsificação de relações pessoais).

Milhares —

MILHARES

— de vezes, a criança se vê dividida entre

o que ela vê

TRATADO GERAL SOBRE A FOFOCA

e o que os adultos

LHE DIZEM.

Falo da ampla presença, na conversa dos adultos, de juízos convencionais que a criança só pode perceber-sentir como Alice no País das Maravilhas. Mamãe ama sempre (!) a todos os filhos (!), por igual (!) — tudo falso se considerarmos o dia a dia das mães, cheio de gritos, impaciência, paciência arrastada e sem espírito, resignação — para não falar em castigos e pancadaria —, até a franca brutalidade.

Com as FALAS sobre papai, titia e vovó, ocorre algo de todo semelhante.

O que os adultos DIZEM refere-se nove vezes em dez ao que os adultos DEVERIAM ser.

O que a criança VÊ é o adulto COMO ELE APARECE — no cotidiano. E como as crianças olham — com que interesse, com que atenção! Anos a fio a criança vendo os pais no dia a dia, em todas as situações, em todos os estados de humor. Como as crianças CONHECEM os pais — pela observação — com os OLHOS! Como devem achar estranho o que eles DIZEM de si mesmos. Daí para a frente o resto é fácil, o professor tem sempre razão e sempre sabe mais, a escola é ótima, criança não sabe nada etc. etc. etc.

O quase cômico da situação, que é por demais frequente, não nos permite ver o drama,

A TRAGÉDIA

— que nela se contém.

A tragédia é esta: a criança que é repreendida, incompreendida, castigada ou não ouvida sempre que fala

DO QUE VÊ

acaba SENDO OBRIGADA a DEIXAR DE VER.

Isso se chama processo pedagógico-educativo-socializante de alto nível, destinado a fabricar cidadãos ótimos. TODOS CEGOS de uma cegueira muito especial — bem parecida com aquela de que Cristo falava.

"O cego é menos cego do que aquele que não quer ver."

(Mas o pior de todos é o que não consegue mais ver.)

A esse panfleto revolucionário é preciso acrescentar um quase nada de fisiologia fina da visão. Os cegos de nascença que passam a ver ilustram bem o que acontece com as crianças — que nascem enxergando mal (o bebê humano nasce fortemente hipermetrope e, temos certeza, vendo tudo "de cabeça para baixo").

Não vemos "sensações" coloridas e luminosas. Vemos objetos definidos... por palavras.

APRENDEMOS a ver de acordo com um processo muito relacionado com as palavras. Estas caracterizam formas ACEITAS de ver.

Tomemos um exemplo flagrante, extremado. Para uma moça de família bem-educada, uma mulher da vida "é uma coisa horrível" DE VER!

Ora, pode a mulher dita à toa ser o que se queira, nas falas e nos costumes.

Mas, PARA OS OLHOS, uma prostituta é incrivelmente parecida com uma mulher honesta.

A palavra, portanto, tem efeitos mágicos sobre a visão.

À custa de ameaças, intimidações, não respostas (rejeições), respostas seletivas (modelantes), os pais

FAZEM A CRIANÇA

VER O MUNDO

DE ACORDO COM AS CONVENÇÕES DOS ADULTOS.

Na verdade, não *fazem* ver. Mas, com o correr do tempo, TUDO SE PASSA COMO SE a criança estivesse vendo COMO CONVÉM a uma criança bem-educada.

A patologia da visão registra casos elucidativos a respeito de como é possível *não ver.*

O estrábico *não vê* — não leva em conta o que vê — com um dos olhos, o que é "normal" (ao menos durante muitos anos). Se eu puser um dedo 15 cm adiante do nariz e olhar para ele, o fundo — a paisagem — fica duplo, mas ninguém sabe disso. Experimente, leitor. *Sempre* que olhamos perto e longe, fica duplo — e vice-versa.

A sujeira no para-brisa do carro, ou nos óculos, a gente logo *deixa de perceber. Os olhos* se adaptam a quase tudo. Sabidamente, se usarmos óculos que nos façam ver tudo de cabeça para baixo, em poucos dias passaremos a ver tudo "direito".

Essa mentirada original FALSEIA DEFINITIVAMENTE PARA TODO SEMPRE A COMUNICAÇÃO VERBAL ENTRE AS PESSOAS. NINGUÉM ACREDITA VERDADEIRAMENTE EM NINGUÉM.

Hoje, em psiquiatria de vanguarda, diz-se que o que endoidece os doidos é a dupla mensagem que sai das pessoas normais — que estão próximas do futuro louco. É disso que eu estou falando.

O resto, as consequências dessa pedagogia irresponsável, inconsciente e inqualificável, está dito cada vez mais em todos os capítulos deste livro.

A FOFOCA É A FALA DO BANDO DE PAPAGAIOS CEGOS
QUE É A HUMANIDADE.

Essa cegueira *não tem nada que ver* nem com a simples ignorância nem com a quantidade de informações possuídas, nem com o analfabetismo nem com o Q.I.

Não é um problema intelectual.

É um problema moral — de verdade.

Só os homens "de visão" — os iluminados — veem as coisas.

Só eles

ACREDITAM

no que estão vendo.

31
O SEGREDO DA ETERNIDADE DA FOFOCA

Vimos que existe uma fofoca verbal e uma fofoca visual. Esta se faz entre atitudes e olhares, podendo ambos "dizer" muita coisa. A fofoca, em suas duas formas, é a expressão concreta do controle social de todos sobre todos e de todos sobre cada um.

Vimos que

> *o superego* — PORTANTO — *é uma estrutura, sobretudo, verbovisual; que as pessoas receiam ser vistas ou ser faladas quando fazem ou dizem certas coisas* — *ou mesmo quando* PENSAM, *apenas.*

Todos conhecemos a vontade que nos assalta quando nos vem à mente um pensamento que consideramos impróprio: vontade de nos encolhermos, de nos escondermos — ou de olhar em volta, ver se alguém nos viu... pensando! Depois, quando ouvimos dizer que o esquizofrênico teme que seus pensamentos sejam "lidos" pelos outros, estranhamos muito!

Vemos essa situação típica no namoro chegado. Aí pode-se FAZER "quase tudo".

Mas, se o ingênuo — ou a ingênua — FALAR sobre o que estão fazendo ou OLHAR para o que estão fazendo,

a inibição é fatal!

Dificilmente se acharia demonstração melhor para o fato de que nossos pensamentos usuais e nossos olhos

NÃO SÃO NOSSOS!

São de todos, são de mamãe ou de papai, são de quem se queira — mas não nossos. É a fofoca de dentro. Se fossem deveras nossos, não nos atrapalhariam tanto — supõe-se.

Por que as pessoas não se olham atentamente? Por que, quando o fazem, limitam sempre o olhar à custa desta ou daquela intenção, de observar, de desconfiar, de vigiar, de pedir, de impor... Por quê?

Olhamos pouco uns para os outros. *Preferimos nos estudar reciprocamente quando o olhado está distraído — ou olhando para outra coisa.*

Não gostamos de que nos olhem bem de frente e bem — apenas bem — para ver tudo que há para ver.

Não gostamos nada de que nos olhem assim.

Como não nos olhamos, não nos vemos — graças a Deus! Estivéssemos nós continuamente cônscios de que há em torno de nós um número indeterminado de pessoas a nos olhar *continuamente,* nos sentiríamos muito mal.

O ator e a plateia. Mas o ator não vê quem o vê.

Desde pequenos aprendemos que quando papai está preocupado — e isso SE VÊ NA CARA — não se fala a esse respeito, e todo mundo faz que não está vendo — e faz como se ele NÃO estivesse zangado! Se mamãe está chorosa — e isso SE VÊ NA CARA —, não se fala a esse respeito, não se faz perguntas, todos se comportam como se ela NÃO estivesse chorosa.

E o modelo simples se reproduz milhares de vezes ao longo da infância — e da vida toda.

É de mau gosto — ou é falta de educação — falar da expressão dos outros. Se estou falando com alguém, DEVO me ater às PALAVRAS e nada mais.

Imaginem-se as seguintes frases durante certas conversas:

— Prazer em conhecê-lo.

— Eu não. Você tem uma cara de enjoo que me faz mal.

— Menino, quando é que você vai começar a se comportar direito na classe?

— Quando a senhora gritar menos e menos ardido.

— Por que você não fala comigo?

— Porque você tem uma cara de bravo que me assusta.

— Como é que você diz que está prestando atenção com essa cara distante e sonhadora?

— Você diz que confia em mim, mas todo o seu jeito é de quem se fecha — e de quem quer se afastar.

— Você diz que concorda comigo, mas ao mesmo tempo sorri com ceticismo e gozação.

Não temos o hábito de PÔR EM PALAVRAS o que vemos no outro — sua cara, seu jeito, seu tom de voz, que é tão importante. Ouça o Cid Moreira dizer "Caratinga tem seis mil habitantes". Seu tom de voz faz pensar em 600 mil — ou 6 milhões.

As mulheres costumam ser mais sensíveis do que os homens à expressão não verbal, mas elas também não sabem pôr em palavras o que percebem.

De outra parte, observar as reações fisionômicas e gestuais do interlocutor é um ato que posso considerar até instintivo. Trata-se de saber — OLHANDO o outro — se ele está bem ou maldisposto em relação a mim, se posso continuar ou se é melhor mudar de assunto, se posso pedir ou se dá para exigir.

Claro que a observação aguda durante o enfrentamento é uma reação instintiva. Os animais e os lutadores observam-se agudamente durante o encontro.

Todo mundo acha — e todos concordam — que é fácil esconder ou disfarçar sentimentos, quando todos sabem que isso é praticamente impossível.

É difícil enganar um observador atento e interessado em matéria de emoções ou sentimentos.

O que acontece, nove vezes em dez, é que não estamos interessados em criar caso, ou estamos interessados em acreditar no que nos é dito. Só se engana quem quer ser enganado — nove vezes em dez.

Além das emoções que surgem e se vão — e se retratam sempre na forma do gesto, no jeito, na voz —, há atitudes mais ou menos constantes nas pessoas, também estampadas no corpo, também VISÍVEIS.

Algumas têm os ombros em posição de carga — como se levassem um saco às costas. São as que assumem toda a responsabilidade e, ao mesmo tempo, se sentem vitimadas pelas circunstâncias.

A pessoa muito frustrada mostra facilmente sua amargura e sua descrença na boca, no tom de voz ressentido, nas constantes queixas e críticas diante de tudo e todos.

Todos os chamados papéis emocionais são evidentes PARA OS OLHOS.

O herói, a vítima, o culpado, o majestoso, o mesquinho, o ávido, o desprendido, o desconfiado, o metódico, o boêmio — todos eles se revelam no momento em que aparecem.

Cada um usa uma roupa que só ele vê.

Ou você pensa que a HISTÓRIA do Reizinho Nu é uma história para crianças?

TODAS ESSAS COISAS SÃO VISÍVEIS

— mas quase nunca se fala delas

— não é de boa educação falar delas
— são percebidas mas não se tem consciência explícita delas.

MAS É AÍ E É ASSIM QUE APARECEM TODAS AS COISAS
QUE EU ACHO QUE ESCONDO.

Só eu não vejo — porque não ME vejo.

Para me ver, preciso de um espelho. Para ver o outro, não preciso de nada. Para que o outro me veja, também não. Basta estarmos aí, presentes um ao outro.

Ponho onde EU *não vejo* — na minha expressão não verbal, no corpo, no rosto, na voz — tudo que *nego* em mim, nas minhas palavras e no meu pensamento.

Porque a negação de meus defeitos não os aniquila — claro. Nem eles deixam de atuar pelo fato de ser negados.

A situação final é a da historieta do reizinho que saiu nu na rua, convicto de estar suntuosamente vestido. Só ele "via" a roupa. Mais ninguém. Assim acontece com nossos sentimentos e atitudes. Já dizia o povo antigamente: "Macaco, olhe seu rabo". A fábula do reizinho não é moralista nem tem nada que ver com a vaidade humana. Ela representa um dos pilares da vida social como nós a conhecemos.

É A PRÓPRIA HISTÓRIA.

Se fôssemos falar sobre o que *vemos* nos outros, a maior parte das hierarquias de poder viria abaixo porque se tornaria claro o que é claro: reis, embaixadores, capitalistas, generais, senhores, professores e pais

SÃO GENTE

com TODOS OS DEFEITOS do povo, dos operários, dos alunos, dos fiéis, dos soldados, dos cidadãos, dos escravos e dos filhos.

O maior mistério e a maior iniquidade do convencional estão no

SENHOR

e no

ESCRAVO.

TUDO **DIZ** que eles são imensamente diferentes

quando é evidente ao

OLHAR

mais casual

que eles são

EXTREMAMENTE PARECIDOS.

É por isso que a fofoca não termina.
CADA QUAL julga esconder muito bem seus aspectos socialmente condenados.

Nas falas cotidianas, todos concordam que todos disfar-
çam bem, mas os olhos de todos estão VENDO, nos
outros, tudo que eles dizem estar disfarçando.

A fofoca se alimenta — como fonte mais REALISTA e verdadeira
— dessa diferença fatal

ENTRE O QUE EU DIGO
E O QUE EU MOSTRO.

Só pessoas que alcançam uma grande integridade expressiva estão livres de fofoca. Atingimos essa forma de expressão em raros momentos de alta emoção, de grande convicção ou de profundo entusiasmo. Fora disso, nossas expressões — de rosto, de corpo, de voz — se dividem e se contradizem. Vamos por aí falando coisas variadas, mas a toda hora mostramos nosso sorriso cético, nosso olhar crítico, o medo que nos faz espremer os ombros, nosso andar trôpego de cansados da vida. Cada qual a seu modo, somos todos expressivamente contraditórios. Mantemos todos, ao mesmo tempo, vários diálogos além do falado.

O que um diálogo esconde ou omite aparece no outro porque, querendo ou sem querer,

EU SOU INTEIRO O TEMPO TODO.

Não posso "desligar" nem separar de mim uma atitude,
um desejo, uma raiva — um braço, um olho.

Escolho perceber mais ou melhor este ou aquele aspecto de mim. Geralmente escolhemos como mais "meu" ou mais "eu" o "meu pensamento", as palavras *que estou dizendo,* meu parecer ou minha opinião. Mas o outro pode reagir mais ao meu olhar, à expressão de meus lábios, ao meu tom de voz, à minha gesticulação.

Daí a maior parte dos mal-entendidos humanos.

Daí a maior fonte de alimento da fofoca.

Nosso convívio social apoia-se em duas premissas deveras precárias:

SE EU NÃO DISSE,
ENTÃO NÃO EXISTE.

Depois:

SE NINGUÉM VIU,
ENTÃO NÃO ACONTECEU.

Se eu fiz e ninguém viu, e se eu não falar a esse respeito, então estou salvo (e perdido). Posso ter minha chamada vida particular em pleno sossego

PORQUE ELA NÃO EXISTE.

Essa é a HISTÓRIA do reizinho bobo que somos todos nós.

LOGO, tudo quanto se disse a meu desrespeito, todas as fofocas feitas contra mim devem ser verdadeiras...

32

FOFOCA — FUNÇÃO TRANSCENDENTE
ou
A FOFOCA SOU EU, NÓS E ELES

Comecemos com definições.

Eu sou eu — aquele eterno desconhecido familiar.

Nós somos aqueles que nos conhecemos por alguma forma de contato pessoal, desde o mais amplo e íntimo contato físico, passando pelo envolvimento afetivo de amor ou de ódio, pelos vários graus de convívio familiar ou amistoso, até a leitura de um livro, a visão da pessoa na TV, o ouvir de uma voz no telefone. *Eles* são a multidão dos seres humanos sem face e sem nome que eu encontro na rua sem ver, que estão em estádio de futebol, que integram "a sociedade"; genericamente, chamamo-nos de "os outros", "eles", "todo mundo".

Parece que, em nossa mente, "eles" compõem um conjunto matemático de elementos iguais *entre si*, e de número indeterminado — mas sempre muito grande!

A dança entre mim, nós e *eles* começa com a fofoca — antigamente chamada de maledicência.

Quando falamos, estamos falando com os outros em nós. Dizemos a eles que não precisam pensar nada de mal sobre nós. Nossas intenções ao fazermos isso ou aquilo não são as que eles pensam, mas outras, muito melhores. De regra, falamos com os "Nós" — mas é fácil ver que a passagem de "nós" para "eles" é imperceptível e fluida.

Muitos dos nossos erros de apreciação sobre nós mesmos provêm da negação sistemática que opomos às temidas más interpretações que "eles" — *dentro de nós* — vivem insinuando maldosamente...

Para "provar" que eles estão errados, faço e digo mil coisas que, se "eles" não existissem, eu não faria nem diria.

No entanto, é claro e evidente que "eles" dentro de mim só existem

ENQUANTO EU FALO COMIGO

("migo" e eles são uma coisa só).

É meu falar e provavelmente só ele mantém vivos, reanima ou cria "eles". Falamos com os fantasmas dos outros que *invocamos sempre que falamos sozinhos;* "eles" são a figura e o nome de nosso interlocutor imaginário. Não fossem eles, estaríamos falando efetivamente sozinhos — o que seria por demais inquietante. Falar com ninguém é a própria figura do desespero. Louco é aquele que fala sozinho — mesmo.

Não fosse o solilóquio, os outros não existiriam dentro de nós. Todo aquele que transgride a lei e os bons costumes assusta-se com o que fez e teme, em seu íntimo, que muitos venham a saber, que muitos o condenem, persigam ou se afastem dele. No entanto, quando se tomam certos cuidados, pouquíssimas pessoas, ou nenhuma, vêm a saber do que fazemos. De outra parte, "eles", aqueles que criamos quando falamos sozinhos, sabem sempre que fizemos — e o que fizemos. "Eles" sabem nossos pensamentos E NOSSAS INTENÇÕES! — São *velhos* confidentes.

É claro que estão sempre presentes a tudo que fazemos... Por isso, o temor persecutório (M. Klein) é tão difundido, tão profundo e tão difícil de curar.

Para livrar-se do medo de ser perseguido, é preciso silenciar interiormente.

Convém dizer que estamos examinando a estrutura e o funcionamento daquilo que a psicanálise denomina superego e a sociologia chama de controle social.

Medo do superego é praticamente igual a medo de fofoca, e o mais poderoso micromeio existente de controle social sobre os cidadãos é a ameaça de fofoca.

Não é possível escapar "deles" — ou do superego — de outro modo: a resposta certa é o silêncio. A resposta certa — a única certa — é NÃO RESPONDER.

Essa é a forma clássica da consciência — ou do eu. O eu como consciência verbal — exclusivamente.

O eu como interlocutor da VOZ DA CONSCIÊNCIA — que são os outros em mim.

Mas há também um OLHAR DA CONSCIÊNCIA, que nos gera tanto quanto a voz da consciência. O olhar da consciência é o olhar dos outros em nós — a que chamamos de percepção crítica de nossos gestos, jeitos, poses e maneiras.

O tímido é o protótipo do ator inibido pela plateia — que é constituída de todos os outros, *sempre* presentes em nós, mesmo quando estamos sozinhos.

Exemplifiquemos.

Uma mulher honesta ouve falar de uma mulher casada que mantém uma ligação amorosa. Logo a seguir, assume uma atitude e faz uma *expressão de rosto* muito característica, que quer dizer várias coisas para várias pessoas.

À própria mulher, a face pode dizer: "Que coisa horrível! Como é que alguém pode *fazer isso?*", "Eu jamais *pensaria* uma coisa dessas", "Que nojo!", "Coitada, deve sofrer muito com o marido".

Aos outros, ela está dizendo: "Vejam *bem* minha reação. Compreendam que *eu jamais* faria uma coisa dessas", "*Nunca* pensei isso", "Acho essa mulher uma perdida — ou uma coitada — e *vejam bem* que é isso que eu penso", "Que ninguém ache que eu possa pensar algo semelhante!"

Para seu marido, para seu pai ou sua mãe, a mulher também está falando coisas parecidas, tanto no caso de esses personagens estarem presentes *como no caso de ela estar sozinha*. Então os personagens estão presentes em sua mente — *e na sua face* —, que "fala" com eles.

Basta uma expressão de rosto e todos esses vários "pensamentos" (preconceitos) podem ser deduzidos porque uma expressão facial é muito mais rica de sugestões e muito menos analítica do que uma frase.

Uma expressão facial tem tantos sentidos para tantas pessoas *porque ela pode ser vista,* apenas.

De algum modo, ela responde ou tenta responder a todos aqueles que poderiam vê-la.

Repito somente porque ela é visível, como uma figura de revista, à qual cada um atribui o sentido que lhe apraz.

Somos todos atores fabricados pelo auditório,

FALANDO E PARECENDO

como o público exige.

Ou como nos parece que o público exige — porque cada ator sente e interpreta os desejos da plateia a seu modo.

O controle da fofoca e o controle visual das atitudes compõem a rede mais fina e mais pervasiva que reúne as pessoas e determina seu comportamento, tanto exterior como *interior*. Esse é o tecido reunificador da sociedade.

Para evitar essas influências, é preciso silenciar interiormente e, na certa, relaxar de todo, desfazer qualquer atitude para que nada possa SER VISTO.

Mas então corremos o risco de dormir profundamente e aí não seremos mais nada nem mais ninguém.

*Quando "eles" e "nós" desaparecem, eu também desapareço... De onde se conclui que eu sou feito de nós mais eles — quiçá de mais

TRATADO GERAL SOBRE A FOFOCA

nada. Por isso, tememos contrariar a "eles". Ficaríamos sós — parece. Na verdade, talvez desaparecêssemos — talvez desaparecesse o EU. Destruí-los de vez é na certa aniquilar-se.

O problema é aprender a viver com eles, que de muitos modos nos incomodam.

Todos os preconceitos são a voz "deles" em nós, mais tácita do que explícita, mais proibição do que explicação. O receio de contrariar o preconceito é o que mantém a estrutura do eu constante (ou mantém constante a ideia que fazemos de nós mesmos, pois mudar é condenável).

Então o eu é um produto de geração espontânea e contínua deles, até o dia em que o eu reage contra, entrando em relação dialética com eles, momento em que passa a modificá-los — a modificar a estrutura social. A grande ou a pequena — tanto faz.

Quase todos os gestos e quase todas as frases são convencionais. Desfazê-los, negar-se a fazê-los ou fazê-los de outro modo destrói a convenção, e nesse ato nos separamos deles — criamos a polaridade eu-nós quando antes havia a uniformidade "deles" "todos iguais". Idênticos, confundidos, "solidarizados". Mas isso por si só não nos destrói — não destrói o eu.

Apenas

APENAS!

gera o momento de oposição dialética — criativa — entre mim e "eles". Fiz-me diferente e separei-me — distanciei-me deles. Entre nós estala uma guerra de morte. Eles tendem a me englobar por todos os meios. Eu me afirmo, defendendo, e brigo contra eles — o tempo todo —, tentando trazê-los a mim. Desejando que façam como eu, que me tomem como modelo.

Se eu for e fizer — *além* das palavras —, eles virão.

Se eu começar a discutir e a brigar — falando —, ficaremos falando pelos séculos dos séculos.

Mas de forma nenhuma posso conceber-me sem eles — que são meu "fundo". Nem a mim sem sua forma. Não temos sentido um sem o outro.

A ideia central deste capítulo parece-me bastante importante.

O outro, com o qual conversamos interiormente, é tão reticente quanto um psicanalista.

É um repositório de "verdades" gerais (preconceitos). É a voz de um número indeterminado de pessoas.

É "resumo de um número igualmente ilimitado de experiências análogas" — cada classe condensada em um "conselho" preconceituoso.

De todos esses modos nosso interlocutor é vago — estatístico, impessoal, não individualizado.

Por isso podemos conversar com ele e de fato conversamos a vida toda; *de sua indeterminação vai nascendo nossa sabedoria.* Após cada fato que nos sucede, que presenciamos ou do qual tomamos parte, pomo-nos diante de nosso "computador" interno e com ele comentamos o acontecido, comparando continuamente o particular que somos e fazemos com o genérico da sabedoria da sociedade da qual fazemos parte. Assim nos desenvolvemos e nos diferenciamos — um ato só. Quanto mais claramente nos distinguimos da matriz comum, mais capazes nos tornamos de reagir a ela, modificando-a, mais e mais nos fazemos agentes da própria vida e da vida de muitos outros — e na mesma medida vamos deixando de ser estrutura social.

Deixamos de ser estrutura social na medida em que nos fizemos agentes de transformação social.

Mas é preciso assinalar: nunca perdemos o contato com a matriz social, sendo sempre em relação a ela que nos definimos e orientamos mesmo que seja contra...

Na certa, ao longo do processo, vamos dando às palavras sentidos sempre diferentes, , codificando a convenção verbal entre as pessoas.

Mas, ao mesmo tempo, o sentido das palavras é inumerável, conforme quem a diz, em que frase, em que contexto, com que propósito, com que tom de voz, com que gesto, com que sorriso ou com que lágrima.

Por aí talvez nos seja dado abordar o difícil problema que, para começar, resumiremos nesta pergunta: se mudamos sempre, dia a dia e até hora a hora, por que vivemos convencidos de que somos "sempre os mesmos"? Por que escolhemos certa figura de nós mesmos e a aceitamos como nosso retrato? Como conseguimos, depois, acreditar que esse retrato é fixo (na verdade ele também muda continuamente!)? Por que dizemos — depois — que "é muito difícil mudar"? Por que aceitamos com tanta facilidade que quando dormimos continuamos nós mesmos (e na verdade não temos então a menor noção de nós mesmos)? Por que não temos todos o temor do primitivo, dos poetas, das crianças e dos esquizofrênicos a acreditar que de manhã poderão acordar outro — pois não se desfizeram, ou não desapareceram, durante a noite? Não estiveram em mil mundos estranhos — os dos sonhos? Quem ou o que nos garante a volta? Na certa, tememos mudar e perder nossa identidade — a do RG! Imagine-se a confusão que se estabeleceria na mente de cada um — e no universo das convenções — se levássemos a sério nossa mudança contínua!

Parece fácil aceitar que muito de nossa pseudossensação de constância — só pode ser pseudo — decorra da interiorização da estrutura social. Podemos dizer que a sociedade muda mais devagar que os indivíduos, ainda quando a expressão seja menos clara do que parece.

Por isso preferimos nos inspirar na constância das montanhas, das árvores, das estrelas e das casas e dizer-nos: "Veja, por que você não é sempre igual — como elas? Como é repousante! Como inspira confiança! Só o que perdura é importante. O transitório deve ser desprezado — porque confunde, perturba, preocupa". E assim tentamos fazer, perdendo no ato ao presente e a nós mesmos. Eternos, saímos do tempo e ficamos vagando entre as mil *possibilidades* do vir a ser.

Podemos concluir que eterno em nós é tudo que em nós não é eu; eterno em nós são "eles", os outros, todo mundo.

Eles são eternos.

Eu não.

Se me sinto eterno — ou "sempre o mesmo" —, é porque não sou eu, mas eles. Sou coletivo e não individual, paciente e não agente, estrutura e não ato.

Mas opor-se a eles é um ato poderoso, que ao mesmo tempo me define e os transforma.

Creio que vai aqui o mito do Deus que sempre é destruído — e comido — por todos.

É o auditório que faz surgir o protagonista e é o protagonista que dá forma ao auditório — que o representa e organiza.

De novo: ninguém se salva — ou se perde — sozinho.

33
DE RÉPROBO A ILUMINADO

Desculpem o termo *réprobo*.
É muito fora de época, mas ainda aparece às vezes em títulos de bangue-bangue.

Réprobo é a vítima da fofoca — o que fez alguma coisa que desagradou a quem está falando mal dele. Desagradou também a seus ancestrais — a todos de quem recebeu sua posição e opinião.

A história dos homens é monótona demais porque os povos, como as pessoas, não têm memória.

> Em vez de *perceber* que fazem sempre a mesma
> coisa — por exemplo, crucificar o iluminado —, as
> pessoas simplesmente *fazem* a mesma coisa.
> Eles são a repetição (e assim conservam todos
> os costumes) em vez de recordar o feito — e
> proceder de outro modo.

A psicanálise nos levou a crer que o que é inconsciente não existe. Para perceber sua existência, é preciso procurá-lo com muito cuidado, MUITO longamente e por meios quase mágicos. Logo, ele está muito bem escondido. Logo, ele *não* atua — qual réprobo foragido (!).

Nada mais falso. Quem não ganha consciência se repete — por definição. *Sua inconsciência está na sua posição, em sua opinião e em sua reação.*

Ele não é inconsciente. Ele é a INCONSCIÊNCIA COLETIVA — a que integra e sustenta o SISTEMA — precisamente.

Nossos preconceitos e costumes ditos e tidos como pessoais são *o sistema em nós* — são *a força* que *cada um* de nós dá para que o sistema funcione.

A consciência não é uma coisa nem um estado. Ela é sempre um *momento de consciência,* isto é, aquele instante em que *deixamos de fazer* como sempre fizemos.

Consciência (de si), liberdade e espontaneidade SÃO UMA COISA só. Nesse momento percebemos e somos. Fora dessas *horas de nascimento,* corremos o tempo todo o risco de nos automatizarmos — maquinizarmos — cada vez mais.

Basta nos distrairmos um instante — basta confiarmos por um momento em nossos automatismos — e já nos desunificamos. Já morre a sensação de renascimento.

"O" INCONSCIENTE é a Lei, a Norma e o Sistema — NADA mais, NADA menos.

A regra é crucificar o iluminado porque ele incomoda. Ele me leva — coercitivamente — a perceber:

— o cinzento em que vivo
— o sonâmbulo que sou
— o quanto da vida estou perdendo
— tudo que não estou fazendo nem experimentando.

A primeira resposta à iluminação é o fascínio e a adoração.

A segunda é o desejo de ser assim, de se fazer assim, de se fazer outro. Vontade de voar.

A terceira é O CHOQUE VIOLENTO QUE EU SINTO CONTRA TODAS AS GRADES DA MINHA GAIOLA E A PLENA SENSAÇÃO DA MINHA PARALISIA.

O quarto movimento contra o iluminado é o ódio.

Claro.

Lógico.

Ele me fez sofrer.

Provou — em ato — que minha vida é pobre, que sou infeliz e vazio.

Morte a ele.

Há outro caminho que leva ao mesmo fim.

Só os limites fortes nos protegem.

Os limites. Que cercam. Fecham. Prendem.

Sufocam!

Tudo que me protege me prende — e oprime.

O lugar mais seguro do mundo — convém imaginar a situação com clareza

— é um cofre-forte (particular!) de um banco suíço.

Sobretudo nos prende e oprime a obrigação de

— SER NORMAL.

— IGUAL A TODO MUNDO.

— IGUAL AO QUE SEMPRE FUI.

— IGUAL AO QUE MINHA MÃE QUERIA QUE EU FOSSE.

— IGUAL AO QUE MEUS ANCESTRAIS SEMPRE FORAM.

Com que profunda inconsciência nós afirmamos essas coisas que ninguém sabe o que significam — e são impossíveis.

Querendo ou sem querer, a cada dia sou outro.

Quando me liberto de minha prisão, fico no aberto, exposto, vulnerável.

Quando me liberto de minhas amarras, fico solto — desamparado.

O boneco, sem fios, fica no chão — desmanchado.

Quem me liberta me expõe e me deixa solto — no ar, na incerteza.

Odeio quem me liberta. Mas preciso de quem odeio.

Morte ao iluminado. Sem ele morro de tédio. Com ele morro de medo.

Morte à iluminação — ao momento da luz. Que haja trevas!

O iluminado sempre faz diferente. Sua mãe é sempre a primeira a se preocupar.

Os vizinhos são sempre os primeiros a falar. Jesus Cristo que o diga.

Quem pode vir de Belém? Só um moço iludido e agitado — com cada ideia! Deveras um cuca-fresca.

Bem que eu dizia a Maria e José que aquele menino ia acabar mal. Vejam — na Cruz.

Não sei se choro ou se digo bem-feito. Quem manda ele ser tão louco? Por que perturbou tanto? Afinal, as autoridades sabem o que fazem e nossa vida é assim mesmo.

Para que inventar mais histórias?

Depois, e as más companhias? Ladrões e putas — perdão, prostitutas. Bebendo vinho nas tabernas e discutindo enquanto seu pai José se matava serrando e pregando. E a mãe, coitada! Se você visse a preocupação dela!

Ele era diferente desde pequeno — eu sei. Morava ao lado.
A fofoca poética — como essa, que eu imitei — pode ser até bonita. Mas a cruz é de madeira, crua e dura.

O réprobo desde cedo ouve coisas estranhas sobre o que faz. É olhado sempre com uma interrogação e uma acusação.

É perseguido cuidadosa e sistematicamente pelos seus inimigos: mãe, pai, irmãos, colegas, professores, amigos. Todos querem fazê-lo voltar ao aprisco.

Todos.

Se o réprobo,

apesar de toda a parede,

e de todo o desprezo,

e de toda estranheza,

e de toda malevolência,

e de toda crueldade,

e de toda bondade,

consegue persistir no seu erro,

então os outros aos poucos vão silenciando.

Outro poder mais alto se levanta.

Resistir é o ato que faz a verdade. Quem persiste se impõe — qualquer que seja a ideologia.

O problema jamais foi a lógica, mas a força. Força de ser. De fazer. De insistir.

A força do iluminado não vem de seus mitos nem de suas verdades. Vem da necessidade de muitos

— que ele assume e representa
— que ele ama e despreza.

Aos poucos, todo o movimento que se fazia *contra* ele começa a se organizar — a fluir — em *torno* dele, qual pedra no meio do rio. Virou centro.

Deteve os pequenos giros que fazia em torno dos próximos e assumiu sua órbita.
Os outros passam a girar em torno dele.
Todos se equilibrando, porém. O tempo todo.

A Terra não gira em torno do sol — apenas.
O sol também gira em torno da Terra.
Senão, não estariam ligados.

De réprobo a iluminado.
O começo foi a fofoca.
O iluminado não é só Cristo ou Buda.
É cada um que faz diferente.
No momento em que faz diferente.

34
O QUE DÓI MAIS

Eu havia imaginado encerrar este livro com um capítulo de desabafo do meu ressentimento, no qual eu DEMONSTRARIA por $a + b$ quão tolos, desprezíveis, mal informados e mal-intencionados eram todos os que haviam falado — ou continuam falando — mal de mim.

Já disse no Prefácio que este livro nasceu porque se fez muita fofoca a meu respeito e isso me machucava e assustava. *Precisei* compreender o fato, precisei encontrar modos de me defender do que me tocava tão fundo.

Meu desespero — por vezes chegava a ser desespero — provinha de duas fontes bem distintas.

Uma, objetiva e mais simples, era a diferença de julgamento entre as pessoas que me conheciam pessoalmente, por algum diálogo face a face, e as pessoas que só me conheciam por ter ouvido falar de mim.

A diferença era muita. Nove entre dez pessoas que me conhecem — em diálogo *pessoal* — têm de mim opinião de regular para boa — com alguns ótimos. De outra parte, alguns dos que nunca se encontraram comigo pessoalmente propagam e ampliam a meu respeito fofocas que vão de ridículas a monstruosas.

Como o povo, digo que toda fofoca tem um fundo de verdade. De muitas fofocas feitas contra mim, posso perceber de que *ações minhas* — reais e concretas — elas nasceram. Mais ou menos distorcida, acabo percebendo a ocorrência original.

De outras, não. Estas só posso atribuí-las, em sã consciência lógica, à imaginação dos que as fazem — ou difundem.

Para fechar a lógica do argumento, falta um fato.

Esses que me caluniam CERTAMENTE não leram meus livros nem meus artigos científicos. Se tivessem lido, teriam por mim um mínimo de respeito — e veriam

DESCRITOS E EXPLICADOS os principais pontos de partida das fofocas "legítimas" — as que tinham algum fundamento.

Logo, essas pessoas não sabem

NADA

sobre mim.

Só FOFOCA — sem substância alguma. Ou só notícia de terceira mão — ou quarta, ou mais.

Quero separar ainda — em parte — do grupo de meus detratores gratuitos o grupo de meus críticos. Não tenho mágoa ou ressentimento contra estes. Posso achar suas críticas plausíveis ou não, elas podem me ajudar como podem atrapalhar, mas pouco tocam nos meus sentimentos.

Crítica não é fofoca.

Meus inimigos, que eu considero gratuitos porque a muitos e muitos não conheço pessoalmente, de regra são fanáticos, intolerantes e beligerantes.

Respondem a mim ou ao que eu faço como se eu fosse uma cascavel.

Já pensei em mil modos de compreender essas reações, mas cada vez me vejo mais disposto a pô-las no meu classificador chamado de "coisas que eu não consigo entender — mesmo quando me dão medo".

Ter dentro da gente um classificador desses é deveras inquietante. Estou quase chegando a considerar esses meus inimigos uma parte irremediável — insolúvel — do medo de viver: medo dos inimigos ocultos — "desconhecidos".

Como pode o inimigo ser desconhecido? Não é terrível?

É que as consequências de nossas ações e pensamentos vão muito além do aqui/agora — muito além do que percebemos ou podemos imaginar.

A outra força que me impelia a redigir um libelo contra meus inimigos era

uma mágoa

FUNDA

FUNDA

FUNDA

que nascia em mim quando eu via

OS MELHORES MOMENTOS DE MINHA VIDA

falados de um jeito

que os transformava em

AÇÕES MONSTRUOSAS.

Há uma lógica terrível nessas coisas.

Meus detratores, na certa pessoas muito formais e rígidas de modos e costumes, devem se sentir muito mal quando ouvem insinuações e apelos da natureza e do corpo, quando a hora é de prazer, moleza, plenitude, felicidade.

Quem é rígido foi maltratado e perdeu o jeito e a esperança de amolecer — enternecer —, de entregar-se. Foi batido demais, na forja chamada

EDUCAÇÃO
(BOA educação!!!).
— "Para vencer na vida"!

Agora qualquer onda o perturba.

Ele é chamado de QUADRADO.

Por quê?

Porque ele é rígido — quadrado mesmo — no jeito de andar, de gesticular, de mover o rosto.

Anguloso — sem suavidade.

Só solavancos — sem fluência.

Só alavancas e engrenagens.

Para essas máquinas a ternura é a morte.

PORQUE SÃO

rígidas

são secas

são frias

e

são duras — como as máquinas.

Ao passo que a ternura, como o prazer e a água,

é ondulante

é úmida

é cálida

é macia.

Sou redondo.

Não é escolha. É destino

— que acabei aceitando

— porque não tinha outro jeito.

Creio assim — pensando em mim — que o destino de alguns outros é ser irremediavelmente quadrados.
O melhor que podemos fazer,

os redondos

e

os quadrados,

é aprender a conviver em pacífica e deliberada ignorância recíproca.
Eu não existo para você e você não existe para mim. Isso é uma ficção — a meu ver necessária.
Se não concordarmos com essa proposta pacífica, o que resta é uma

GUERRA SEM FIM,

como tem sido a história da humanidade.

Guerra dentro do lar — um grupo sociológico; guerra dentro da tribo — outro grupo sociológico; guerra entre todas as tribos — cada uma com sua uniformidade específica.

JAMAIS os homens serão IGUAIS entre si. Por isso

TERÃO DE

se guerrear por toda a eternidade?

A guerra é o esforço-sacrifício coletivo feito para MANTER os grupos--classes "sócio-lógicos" (grupo, de grupo humano; e classe, de lógica).

Guerra de um grupo UNIFORME-içado contra outro grupo UNIFORME-içado é o modo CERTO de forçar a... a uniformidade — dos dois grupos!

PODE TER ALGUM SENTIDO

ESSE MORTICÍNIO INFINDÁVEL?

Se tiver, não me expliquem

— por favor.

NÃO QUERO ouvir explicações.
NÃO CREIO em nenhuma delas.
Nem sei se são verdadeiras ou falsas.
São uma besteira autêntica.
Diante desse fato monumental na sua monstruosidade, a primeira — e a única — coisa a fazer é

FICAR PASMADO.

E em vez de apatetar-se com um

— Meu Deus! Por quê? Por quê? dar uma boa olhada em
volta e pensar

— e dizer

— E GRITAR

VAMOS PARAR COM ISSO!

Seja lá quem for que esteja matando, seja lá quem for que esteja sendo assassinado — seja lá por que motivo, lei, princípio, justiça ou capricho que for.

Matar de ferro ou de fome, de miséria ou de ignorância — tanto faz.

GUERRA NÃO — OK?

E NÃO ME VENHAM COM EXPLICAÇÕES!

Mas falta dizer o que doía mais.
Era o contraste.
Eu estava mal e mal começando a aprender como é que se amava.
O que era feito com muita atenção e cuidado, o que era testado e controlado a cada passo — com muito MEDO! — ao começar a se fazer falado passava por sedução, abuso profissional ou ultraje ao pudor.

Eu mal e mal começando a perceber e a me livrar de meus piores preconceitos

que são os CONCEITOS
do mundo onde vivo

e ouvindo dizer de mim que eu entrava em todos os papéis falsificados. Pode ser até que eu entrasse

— para conhecer
— identificar
— aprender a lidar — com os meus maus costumes e
preconceitos que são os do meu mundo.

Mas só assim. Não para ficar, muito menos para ser.

Crescia e aprendia — como é dado a todo ser humano.

Aprendia e ensinava — porque um não tem sem o outro.

O paradoxo era demais (na ciência e na vida).
Era o caso do amor (na profissão e na vida).
Amor de gente.

NÃO PODE!

(NUNCA pôde.)

Gente nunca pôde amar gente.
Muito medo de permeio. Agora não, você não, aqui não.
Concordavam todos no coro — e no contraponto — NA FALA.

Mas na prática...

"Neurose é falta de amor." (todos os autores)

— Onde tem?

— No Terapeuta não. Não pode.
Terapeuta não se envolve — só explica.

"Neurose é incapacidade de RECEBER amor (e crescer)."

— Quem dá?
— O Terapeuta não. Não pode.
— Terapeuta não se envolve — só explica.

"Neurose é incapacidade de DAR amor (e fazer crescer)."

— Quem RECEBE?
(é tão difícil!)
— O Terapeuta não. Não pode.

TRATADO GERAL SOBRE A FOFOCA

— O Terapeuta explica

que é melhor matar-se de uma vez,
que a fonte está envenenada.

Então,

PRA QUE SERVE O TERAPEUTA?

Terapeuta serve para amar e ser amado,

COM MUITO CUIDADO E ATENÇÃO.

Se ele chegar aí, tudo irá bem. Tudo irá até onde dá para ir.
Senão, então não se chegou a lugar nenhum.
Nada foi feito.

Mas não era só das generalidades que eu queria falar.
Queria falar muito das melhores horas de minha vida — que vira-
vam horrores quando faladas pelos fofoqueiros.
E como era difícil livrar-me deles!
Dos de dentro — os que ficavam dizendo a você, o tempo todo,
que você havia feito coisas horríveis, insuflando ameaças vagas, cul-
pas, vergonha.
Contra essa voz insistente — voz de multidão inumerável — eu só
tinha minhas sensações primárias.
As horas de amor trabalhado — bem arduamente — rendiam por
vezes horas de encanto, satisfação, prazer, felicidade. Muito macias e
gostosas. Muito inofensivas.

Estados tão tenros e suaves não podem ferir ninguém. Nunca.

Só se for como água de chuva no deserto, que ele odeia porque só
então percebe sua aridez.

E clama contra a chuva.

Só se for assim que eles machucam.

Pode até ser.

Mas de novo me generalizo: sou todos os homens que procuram amar, do jeito que for, mas

COM CUIDADO E ATENÇÃO.

É o que quase todos experimentam com o *amor do terceiro* — outro ou outra.

Nosso primeiro amor — o amor-casamento — nos é dado com GARANTIA SOCIAL TOTAL de cobertura. Logicamente, qualquer outra espécie de amor fica SEM COBERTURA NENHUMA. Muito pelo contrário: QUALQUER OUTRA espécie de amor é combatida até a morte, porque o terceiro sempre foi a tiririca no jardim florido da família.

Tiririca.

A outra — aquela vagabunda, aquela sem-vergonha, aquela o que se queira de pior.

Um monstro.

Apoio social unânime a favor dessa barbaridade (o que prova que somos bárbaros).

Todos concordam com a "vítima", balançando a cabeça devagar, em aprovação, com cara MUITO séria.

Isso é o maior desrespeito que eu posso imaginar CONTRA a pessoa humana

— QUAISQUER QUE SEJAM OS CONCEITOS DE DESRESPEI-
TO E DE PESSOA HUMANA.

Julgar o personagem por UMA AÇÃO e APENAS uma é uma estupidez intelectual e emocional sem tamanho — mesmo que essa relação seja "parricida" ou "crime contra a economia popular".

É o horror-estupidez de todo preconceito.

Se é preto não presta.
Se não é virgem não presta.
Se amou fora da lei não presta.

Todos se vigiam

FEROZMENTE

para que ninguém consiga se sentir feliz.

Porque não há nada mais feliz do que um encontro feliz entre dois seres humanos.

E porque em nosso mundo nada é mais difícil de conseguir.

Qualquer amante e qualquer amada já sentiu o que eu senti. Que o mais meu e o melhor de mim mesmo — que eu mostrava às vezes nas horas de amor — logo seria transmutado pela multidão de dentro/fora em uma ação odiosa, ao mesmo tempo de profunda animalidade egoísta (que quer dizer isso?) e de soberano desprezo por todos os demais seres humanos — os "respeitáveis".

A fofoca consegue estragar quase todo o amor do universo.

Alquimia negra.

Isso é que dói.
Sem remédio.

35
P. S.

Mas o mundo está mudando.

Muito.

Muito mais do que qualquer partido ou ideologia estabelecidos poderiam conseguir — de modo planejado.

Só que não temos olhos para ver o novo.

Os olhos das pessoas NÃO estão preparados para VER.

A educação os prepara — e limita — para que saibam

REVER, isto é,

        reconhecer.

Só *vemos* o que é velho, o que de há muito está aí, aquilo que já foi aceito pela maioria. Isto é, tudo o que e somente o que tem nome.

Para o novo

        NÃO HÁ PALAVRAS

e o que não tem rótulo verbal não tem existência coletiva assegurada. É capricho subjetivo, impressão, imaginação, bobagem, veja se pode, você se enganou. E assim todo o futuro

        QUE JÁ ESTÁ AQUI

passa despercebido —
razão a mais para que o futuro aconteça como fatalidade.

Hoje as humanidades clássicas são pouco e mal conhecidas. As pessoas estudam pouco e mal — nas escolas.

Só há certo empenho em aprender para ter uma profissão — um ganha-pão.

Vamos lamentar? De que adianta?

A escola continua o que sempre foi, anacrônica, dissociada da vida e do interesse dos alunos, feita por educadores-legisladores cheios de preconceitos culturalistas e doutorais. Só que no meu tempo — desculpem — a gente TINHA DE estudar UM POUCO MAIS para passar de ano.

(Só se estuda para *passar de ano* — é claro.)

Hoje há rebeldia e protesto suficiente no ar para que as pessoas estudem ainda menos. O que elas aprendem hoje, maciçamente, é o popular e democrático MESMO.

DISCUTIR EM GRUPOS DE CONVÍVIO O NOTICIÁRIO E OS PROGRAMAS DE TV, DE RÁDIO, CINEMA, REVISTAS E JORNAIS.

O conhecimento está

SE FAZENDO (fazendo a si mesmo).

Nesse sentido e desse modo, o povo NUNCA FOI TÃO "CULTO" QUANTO HOJE!

A cultura clássica está em correspondência tribal com o
conselho dos anciãos e o culto dos antepassados — com
o Pai Crítico e o superego.

Pode ser que o povo esteja se perdendo ao ignorar seus luminares pregressos.

TRATADO GERAL SOBRE A FOFOCA

Mas também pode ser que o povo esteja tecendo uma cultura horizontal não só AUTÊNTICA (nascida do e no povo) como ADEQUADA.

Quero dizer que nossos ancestrais, se nascessem hoje, ficariam malucos. Jamais conseguiriam, com SEUS padrões, orientar-se no mundo das comunicações.

É preciso dizer mais uma vez que o passado — até 1920 (a época é arbitrária, não brigo por dez anos a mais ou a menos) — NÃO SERVE PARA NADA AO HOMEM DE HOJE.

É como se o pai, marceneiro de banca, quisesse ensinar suas coisas ao filho que trabalha em uma indústria atual de móveis.

O povo, pois, talvez esteja sendo sábio ao rejeitar — sem protesto nem briga — toda a experiência passada da humanidade.

O povo é a soma das pessoas que *sofrem* a influência e *comentam* tudo que sai pelos canais de comunicação de massa. Precisamos começar a perceber (e aí vão os olhos que NÃO temos) que

NÃO SOMOS MAIS HUMANIDADE.

Somos outra espécie vivente.

Os valores passados, oferecendo à gente uma segurança muito discutível — a segurança da rotina sem consciência —, contribuem poderosa e decisivamente para nos

DESORIENTAR

no mundo presente.

É como se um espírito perverso amarrasse a ponta de todos os ramos de uma árvore com cordéis presos — na outra extremidade — ao centro da copa.

Retorno ao centro, ao tronco, às raízes, ao passado:

IMPEDIMENTO TOTAL DA EXPANSÃO.

J. A. GAIARSA

Um dia o centro se desagrega porque os galhos crescem,

E NINGUÉM PODE IMPEDIR ESSE CRESCIMENTO.

Ninguém pode querer dizer que ninguém individualmente tem meios nem força para tanto.

É preciso, ainda, não esquecer aquilo que nossa formação verbalista, intelectualista e explicativa não nos deixa ver:

Hoje o povo começa a ter

LINGUAGEM (e TEMAS)
COMUNS

— pouco importando que a linguagem e o tema sejam de futebol, novela ou fofoca sobre a alta-roda.

Importante é que é

COMUM — a muitos.

Sob, junto ou por meio desse diálogo que se expande — no qual qualquer um pode entrar ou sair a qualquer instante — começa a fluir

SENTIMENTO.

Se consigo ou posso falar com o estranho, ele deixa de ser

O ESTRANHO

— o não-da-família,
— PORTANTO, o inimigo.

Ele pode até se fazer amigo.

Atenção, poderosos do mundo!

Fechai todas as televisões, todos os jornais, todas as rádios e revistas do mundo.

Fechai depressa, depressa.

Ou logo vos defrontareis com

a SOLIDARIEDADE

dos homens.

De

TODOS

os homens

(menos os poderosos).

São 4 milhões!

Cuidado!

O resto, as censurinhas que andam por aí, as de dentro e as de fora, dos Estados e das Igrejas, da mamãe, do vizinho e do colega, são como o menino da história (clássica!) que queria impedir o mar de invadir a Holanda tapando um furo no dique com o dedinho! Muito engraçado!

Mais cômico do que o censor que quer deter a História com tesourinha de unhas, lápis ou o dedo em riste, só o intelectual que protesta contra esse brinquedo inócuo.

(É assim que o intelectual apoia a censura ao ver nela uma força que ela não tem.)

Entre outros motivos de riso, a censura — o censor —, tem mais este: ele também está "corrompido" por aquilo que censura — e cada vez mais confuso: cada vez sabe menos o que é certo e o que é errado.

E a bendita fofoca — o que tem que ver com isso tudo?

Se meu livro não saísse — digamos — até 1980, era capaz que ele perdesse toda a oportunidade e todo o interesse.

PORQUE HOJE A FOFOCA JÁ ESTÁ SE FAZENDO MAIS
ELOGIO DO QUE CRÍTICA.

Os fofocados — os que saem dos padrões — recebem cada vez mais admiração e menos desprezo, cada vez são mais invejados como "libertos", "autênticos", "genuínos", "originais".

Os "quadrados" estão cada vez menos satisfeitos com sua quadratura, mais dubitativos em relação a ela, dia a dia mais corroídos por dúvidas sobre a própria "retidão", sobre a conveniência, a veracidade e o valor dos próprios valores.

Se a fofoca é um fenômeno tão grande e tão importante quanto este livro procura mostrar

A INVERSÃO DE SEU SENTIDO
tem um significado social fundamental.

Pode ser que essa inversão seja o sinal mais característico de um mundo que tende a passar de

REPRESSIVO

a

PERMISSIVO.

De TOTALITÁRIO a DEMOCRÁTICO-SOCIAL
— implacável — tolerante
— hierárquico — solidário
— cruel — compreensivo
— injusto — talvez mais justo
— formal — pessoal
hipócrita verdadeiro
e e
mentiroso. honesto.

ASSIM SEJA,

AMÉM.

O QUE

EU

QUERO

lhe

DIZER

Você quer saber mesmo o que eu quero lhe dizer? Quero
que você perceba

PERCEBA

— com muita clareza

que você é

muito bom — MESMO

E

muito FDP — TAMBÉM, tá?

Se a gente consegue dar O MESMO PESO a essas duas convicções, a gente fica

BEM EQUILIBRADO

sobre as próprias pernas.

Senão, a gente vive

INCLINADO

— precisando SEMPRE do apoio da MAIORIA — dos OUTROS;
— seguindo SEMPRE uma direção sem sentido, sempre a mesma, e brigando interminavelmente contra todas as OUTRAS direções. Ou contra as direções de TODOS os OUTROS. Cansativo, não?

Se você conseguir aceitar suas duas metades, aí acaba a fofoca de dentro. Mas a de fora fica impossível — porque você começa a fazer coisas diferentes DE TODOS.

Se você não conseguir aceitar seus podres, então,

— ninguém vai falar de você, fique em paz;
— mas você vai ficar falando de si na forma da fofoca interminável que você faz, exibindo suas feridas o tempo todo.

Mas não se preocupe, meu inimigo.
A culpa é deles — eu compreendo.
Você é ótimo.
O mundo é que é uma merda.
Depois da bomba H a gente se encontra — tocando harpa. Tchau!

EPÍLOGO
PARAÍSO NA CRATERA DO VULCÃO

Vivemos espalhados por aí.

Ponho minhas esperanças bonitas em quem amo.

Ponho meus cacos e mazelas nos que me incomodam e irritam. Os mitos de Isis e Osíris e o da Comunhão se fazem claros. Osíris, deus egípcio da vida no Além, foi morto, esquartejado e jogado aos quatro ventos, e, desse modo, fecundou o mundo.

Quer dizer que cada ser humano é um pedaço de Deus — apenas um pedaço. Não que ele seja irremediavelmente incompleto, mas sim que cada ser humano pode viver mil vidas, mas de regra só vive meia dúzia. Vive muito pouco do que poderia viver se... Cristo se dá na Comunhão a quem o queira — a MUITOS —, que nele podem encontrar cada qual o que necessita, ou o que espera.

Quer dizer que a Humanidade é divina — porque cada indivíduo é único e, não fossem nossos olhos míopes, veríamos que cada ser humano é um arranjo muito especial de mil e uma qualidades e defeitos, um todo incrivelmente complexo.

Vamos dizer, só aos descrentes, que mesmo o cérebro de um imbecil que vegeta vale por muitos computadores dos mais sofisticados — falando-se apenas no número de elementos que compõem os circuitos respectivos...

A humanidade é divina — é a maior multidão de coisas maravilhosas que perambula pelo mundo, sem saber o que fazer nem para o que serve...

É diabólica também, e isso não precisa ser demonstrado. Basta a História e seus horrores.

Se insisto no "muitos" e em "nós todos", é porque acredito que, enquanto nos for permitido apenas o amor Família, de Pai-e-mãe, de Marido-c-mulher, de Só Você — Para Sempre, não teremos oportunidade de nos desenvolver

POR INTEIRO.

A especialização no amor-família nos mutila enquanto proíbe qualquer outra espécie de amor. (Que existe — mas fora de lei, e assim não é bom.)

Só quando DE FATO formos capazes de amar ao próximo — ao cara que está PERTO de mim agora —, teremos oportunidade de cultivar sempre novas aptidões, de aprender a ver o mundo dos mil e um modos — cada modo uma pessoa. Só assim e só então poderemos

RENASCER muitas e muitas vezes.

Seremos, em um ato só,

INTEIROS E SOLIDÁRIOS.

É bom ser bem concreto. Com quem falei bem de dentro, do íntimo, a quem acariciei e me acariciou, a quem amei e me amou, não posso mais dizer "Não o conheço — você é meu inimigo". Até hoje a família foi o maior fator responsável pela

FALTA DE SOLIDARIEDADE

dos seres humanos.

TRATADO GERAL SOBRE A FOFOCA

A família, quase tão primária (antiga) quanto os primatas, se, como se diz, atenua o egoísmo individual, acentua em alto grau o egoísmo do grupo natural. Nós (eu-e-minha-família) somos bons, nos entendemos, nos ajudamos — nos aguentamos e nos carregamos... (quase tudo mentira). Os OUTROS, porém, cuidado com eles, são quase todos inimigos perigosos — veja como você se aproxima de um estranho. Claro que a gente pode mentir e explorar o estranho. Ele não é da minha família! Até preciso fazer assim. Senão como vou sustentar os MEUS?

Sem romper o exclusivismo amoroso implícito — e cobrado — na família, não poderá haver solidariedade com os não familiares. É preciso aceitar que a família tem função reprodutora e educativa, que essas funções são muito importantes,

MAS QUE AS PESSOAS PRECISAM DE MUITO MAIS DO QUE ISSO.

É falso dizer que dentro da família, do clã ou da nação NÃO HÁ GUERRA.

Há. Só que em cada guerra as armas — e as feridas — são diferentes. Variam também as táticas e as metas.

MAS HÁ GUERRA. Guerreia-se tanto fora quanto DENTRO da família. As armas e táticas familiares não matam depressa. Matam muito e muito devagar — implacavelmente. A lição mais maciça da psicologia de hoje é esta: praticamente 90% da infelicidade humana individual se deve à família.

A solução família, pois, não é mais boa. Ela divide DEUS.

Julgo ver à minha volta bons sinais de mudança.

As pessoas estão MUITO mais tolerantes ante quebras de velhos princípios.

As pessoas estão MUITO mais dispostas a viver e a experimentar, estimuladas pela imensa diversidade de costumes que VEEM na TV, nas revistas e no cinema.

As pessoas hoje SABEM que o estrangeiro é tão gente quanto elas. Quero dizer que "no meu tempo" (1920), quando se ouvia falar de alemães, russos ou chineses, era como se fosse lenda e como se eles fossem seres sobrenaturais.

As fotos eram poucas e más, os textos e filmes eram todos literários — não jornalísticos. Antes ampliavam a lenda do que a dissipavam. Repito: eu com 10 anos. Hoje VEJO a África todos os dias. Para mim o africano, que era personagem de Tarzan, agora já é gente e será difícil me convencer de que ele é um monstro — se guerra houver e se ele FOR FEITO meu inimigo. Africano é gente. Boche não era. "Jap", muito menos. Agora alemão e japonês são gentíssima!

A cada novo escândalo as pessoas acreditam um pouco menos nas autoridades, e já faz tempo que os escândalos estão cada vez mais aí — nos jornais. No meu tempo era muito mais fácil para os responsáveis abafá-los. Havia duas emissoras de rádio e meia dúzia de jornais em São Paulo.

As coisas boas da vida estão aí em todos os anúncios coloridos de todas as revistas do mundo, acendendo desejos e esperanças (e amarguras) em todos os seres humanos.

O DEUS HUMANIDADE COMEÇA A GANHAR
CONSCIÊNCIA DE SI MESMO. DEUS COMEÇA A SE
RECOMPOR — A JUNTAR SEUS PEDAÇOS.

É estranho como à publicidade falta consciência de sua função revolucionária. Foi ela que inventou os *SLOGANS* e é com eles que se está fazendo a revolução real de nossos dias:

"FAÇA AMOR, NÃO FAÇA A GUERRA".

São *slogans* assim, na TV, em rádios, canções e discos, que vão se difundindo — e atuando.

As pessoas, após tanta denúncia e contestação — todas publicadas, lidas e discutidas —, começam a duvidar muito seriamente de tudo que seus antepassados lhes ensinaram. A China é o mais impressionante dos documentos nesse particular.

A REIVINDICAÇÃO paira no ar da maneira mais sutil e ameaçadora.

O "Doutor" que o crioulo do estacionamento me diz ainda tem um pouco de respeito e de lisonja na música da voz, mas já tem muita inveja e muito rancor também.

Quando subo na motoca e faço um aceno, ele me olha com olhos compridos e cara dura — de injustiçado...

Hoje tem MULHER NUA nas capas de revistas de larga circulação — em qualquer banca. Parece pouca coisa, mas quando se lembra a patologia do homem ocidental ante a nudez o caso impressiona.

Hoje as pessoas estão começando a suspeitar de que o próprio corpo é o maior parque de diversões do mundo, e a vergonha a cada dia diminui mais — a culpa também.

Hoje as pessoas são muito céticas e muito críticas ante os pronunciamentos oficiais dos poderosos. Acreditam cada vez menos que eles estejam aí para cuidar da gente.

Hoje os jovens falam pouco e mal — e não leem quase nada.

Os jovens parecem ter intuído tudo que eu disse sobre ligação tão estreita entre linguagem, preconceito, intolerância — classificação, lembram-se? Lado importante da guerra humana, da divisão — separação — oposição entre os seres humanos, é uma questão de semântica.

Os jovens, porque falam pouco e mal, têm muito tempo para VER — e OLHAM com muita atenção. Revistas, filmes e TV reforçam culturalmente essa disposição.

Os jovens olham quase tudo com cara séria e tranquila — levemente interrogadora em relação aos mais velhos.

Os jovens não parecem nem um pouco preocupados com boas maneiras, em fazer bonito — caretas e mesuras — diante das visitas e dos estranhos.

Os jovens também olham muito criticamente — e com certa dureza.

Os jovens no mundo todo cada dia DANÇAM mais, real ou mentalmente,

TODOS AOS MESMOS RITMOS.

A sociedade industrial fornece os discos, mas não sabe a dança de guerra que está sendo dançada ao som desses discos.

Parece macumba.

Os jovens dançam SEPARADOS e inventam a dança — sobretudo soltam as cadeiras cada vez mais. Libertam o centro de gravidade do corpo de todas as suas restrições e amarras. Não é só o sexo que importa e cumpre redimir. Na bacia está também o centro de gravidade do corpo, e todas as amarras pedagógicas e preconceituais terminam, em última análise, por amarrar a bacia, por impedir os movimentos.

Agora os jovens estão soltando os movimentos.

Os jovens não parecem muito ciumentos.

Os jovens parecem mais envolvidos com o grupo — rapazes e moças — do que cada-um-com-a-sua-e-mais-ninguém.

Os jovens não parecem mais muito machões, e as raparigas (!) não parecem mais nem muito sonsas nem muito "femininas" — isto é, mansas, dóceis, obedientes. Não parecem.

Os jovens em festas ficam muito junto de corpo, falando e fazendo agradinhos gostosos. Estão aprendendo a dar o recado de corpo inteiro, o que comunica em cinco minutos mais do que um romance de 500 páginas — e com muito menos ambiguidade. Poucas vezes se trata de sexo.

Os jovens parecem bem menos fanáticos e bem mais naturais, na área sexual, do que nós éramos.

Os jovens não têm tantos preconceitos — e cada vez têm menos — a respeito de rapaz-abraça-rapaz. De novo, quase sem sexo.

Os jovens adoram máquinas — quanto mais velozes e perigosas, melhor. Com elas estão aprendendo e treinando para reagir com rapidez no circuito praticamente instantâneo

VER-RESPONDER.

(SEM PALAVRAS!)

Cuidado com eles. Estão treinando para mocinhos — todos eles. Tudo isso quer dizer que os homens estão mais presentes do que jamais estiveram.

O DEUS HUMANIDADE está despertando.

Antigamente as pessoas eram enroladas, anestesiadas e embaladas pela conversa dos "doutores". Eram hipnotizadas; não parece, mas era muito parecido com hipnose. Nossos pais viviam ainda mais sonambúlicos do que nós!

Acho que estamos prontos para começar

A NOS AMAR UNS AOS OUTROS.

E para que isso não pareça texto de santinho vamos engatar uma segunda, porque a rampa é forte.

Por que eu acho que está na hora do amor?

Porque NUNCA

a humanidade INTEIRA esteve tão ameaçada como hoje. Bombas, foguetes, raios da morte, megalomaníacos no poder, poluição, superpopulação, fome, desigualdades sociais gigantescas, pirataria política, econômica, tecnológica, militar.

Porque NUNCA

a humanidade inteira SOUBE que estava assim. Há 50 anos eu podia morrer em uma guerra que eu não sabia que havia sido declarada.

Porque NUNCA

a humanidade se viu, como hoje, face a face com as maiores promessas e com as maiores ameaças de sua história.

Não pense o leitor que eu acredito no despertar de todos os seres humanos em nível de supraconsciência — embora nunca se tenha falado tanto no assunto.

A maior parte da humanidade ainda faz tudo que pode para NÃO PERCEBER o que está acontecendo. Fazem o que podem para CONTINUAR ALIENADOS.

Falo das pessoas como animais,

ANIMAIS AMEAÇADOS

e portanto

EM IMINÊNCIA DE PÂNICO.

O medo sempre foi o grande transformador da humanidade. Talvez se possa até dizer que o homem existe A FIM DE transformar o medo em estrutura, significado e liberdade — e que, ao fazê-lo, deixa de ser animal para se fazer homem.

Nada constrói mais a humanidade do que a vitória sobre o medo.

OU NOS AMAMOS OU NOS ANIQUILAMOS.

TODOS JUNTOS.

FIM

www.gruposummus.com.br

IMPRESSO NA GRÁFICA sumago
sumago gráfica editorial ltda
rua itauna, 789 vila maria
02111-031 são paulo sp
tel e fax 11 **2955 5636**
sumago@sumago.com.br